Korean Listening for University Life

초급 I

대학 생활을 위한 한국어 듣기

Japanese/Chinese/English

Beginning Level I

연세대학교 한국어학당 편

연세대학교 출판문화원

머리말

국내 최고의 명성으로 한국어 교육의 50년 전통을 이어 온 연세대학교 언어연구교육원 한국어학당에서는 한국어 교육의 질을 높이기 위해 그동안 많은 교재를 편찬해 왔다. 최근 한국 내 대학, 대학원에서 수학하고 있거나 진학하고자 하는 외국인이 증가함에 따라 학문을 목적으로 하는 한국어 교재에 대한 학습자들의 요구가 높아지고 있다. 이에 따라 연세대학교 언어연구교육원 한국어학당에서는 대학 수학을 목적으로 하는 외국인 유학생들을 대상으로 한국어와 한국 문화를 교육할 수 있는 새로운 교재를 출간하게 되었다.

연세대학교 언어연구교육원 한국어학당에서 출간하는 이 교재는 대학 생활에 필요한 의사소통 기능을 집중적으로 향상시킬 수 있는 『대학 생활을 위한 한국어』 시리즈와 대학에서의 수학 능력을 집중적으로 향상시킬 수 있는 『대학 강의 수강을 위한 한국어』 시리즈로 되어 있다. 『대학 생활을 위한 한국어』 시리즈는 초급 학습자를 위한 『대학 생활을 위한 한국어 초급』, 중급 학습자를 위한 『대학 생활을 위한 한국어 중급 I』, 『대학 생활을 위한 한국어 중급 II』로 되어 있으며, 『대학 강의 수강을 위한 한국어』 시리즈는 중급 학습자를 위한 『대학 강의 수강을 위한 한국어 중급 I』, 『대학 강의 수강을 위한 한국어 중급 II』, 그리고 고급 학습자를 위한 『대학 강의 수강을 위한 한국어 고급』으로 되어 있다.

『대학 생활을 위한 한국어』 시리즈는 한국어 학습 단계별로 요구되는 내용을 주제로 말하기, 듣기, 쓰기 능력을 향상할 수 있도록 다양한 과제와 활동으로 구성된 분리형 교재이다. 그리고 『대학 강의 수강을 위한 한국어』 시리즈는 대학 수학에서 요구되는 기능과 장르를 중심으로 말하기, 듣기, 쓰기, 읽기 능력을 향상할 수 있도록 실용적인 과제와 활동으로 구성된 분리형 교재이다. 이들 교재에서는 학습자들이 흥미를 가질 수 있는 주제와 상황을 기초로 여러 가지 의사소통 기능 및 전략을 배울 수 있도록 배려하였다.

『대학 생활을 위한 한국어』와 『대학 강의 수강을 위한 한국어』가 연세대학교 언어연구교육원 한국어학당에서 공부하는 학생들뿐만 아니라 한국 내에서 대학, 대학원 수학을 목적으로 하고 있는 모든 한국어 학습자들에게 도움이 되기를 바란다.

연세대학교 언어연구교육원
한국어학당 교재편찬위원회

preface

With more than 50 years of tradition in the Korean Language Education field, Korean Language Institute of the Yonsei University Institute of Language Research and Education has published numerous textbooks to promote the quality of Korean Language Education. In the recent years, the need for Korean Language textbooks for academic purpose has been increasing along with the growth of the foreign students who are studying in undergraduate or graduate programs at universities in Korea. To this end, Korean Language Institute of the Yonsei University Institute of Language Research and Education came to publish new textbooks to teach Korean language and culture to foreign students, who are studying in Korea for academic purpose.

These textbooks, which are published by Korean Language Institute of the Yonsei University Institute of Language Research and Education, are comprised of two textbook series: 『Korean for University Life』 series for strengthening the conversational ability needed for university life; and 『Academic Korean』 series for strengthening the capacity to take classes in Korean. 『Korean for University Life』 series is comprised of: 『Korean for University Life Beginner's Level』 for beginner students, 『Korean for University Life Intermediate Level 1 & 2』 for intermediate level students. 『Academic Korean』 series is consisted of 『Academic Korean Intermediate 1 & 2』 for intermediate level students and 『Academic Korean Advanced』 for advanced level students.

While 『Korean for University Life』 is a textbook series composed of various kinds of tasks and activities under themes by different learning levels to promote students' ability to speak, listen and write, 『Academic Korean』 is a textbook series to promote speaking, listening, writing and reading abilities that are essential while studying in the undergraduate programs at universities. These textbooks draw interests of the learners by allowing them to acquire communicative functions and strategies based on themes and situations that are closely relevant to college students.

We also hope and intend that 『Korean for University Life』 and 『Academic Korean』 series will not only help the Yonsei Korean Language Institute students but also any students who wish to continue to pursue their undergraduate or graduate studies in Korea.

Yonsei University Institute of Language Research and Education
Korean Language Institute Textbook Compilation Committee

はじめに

国内最高の名声で韓国語教育の50年の伝統を続けてきた延世大学言語研究教育院韓国語では韓国語教育の質を高めるためにこれまで多くの教材を編纂してきた。最近、韓国内の大学や大学院で修学していたり進学しようとする外国人が増加するに従って、学問を目的とする韓国語教材に対する学習者たちの要求が高まっている。そこで、延世大学校言語研究教育院韓国語学堂では大学修学を目的とする外国人留学生たちを対象に韓国語と韓国文化を教育することができる新しい教材を出刊することになった。

延世大学校言語研究教育院韓国語学堂が出刊するこの教材は、大学生活に必要なコミュニケーション機能を集中的に向上させることができる 《大学生活のための韓国語》シリーズと、大学での修学能力を集中的に高めることができる 《大学講義受講のための韓国語》シリーズの２つからなっている。《大学生活のための韓国語》シリーズは初級学習者のための《大学生活のための韓国語初級》, 中級学習者のための 《大学生活のための韓国語中級1》, 《大学生活のための韓国語中級2》があり、《大学講義受講のための韓国語》シリーズは中級学習者のための《大学講義受講のための韓国語中級1》, 《大学講義受講のための韓国語中級2》, そして高級学習者のための 《大学講義受講のための韓国語高級》がある。

《大学生活のための韓国語》シリーズは韓国語学習の段階別に求められる内容を主題に、会話, 聞き取り,作文能力が向上するように多様な課題と活動で構成された分離型教材だ。そして 《大学講義受講のための韓国語》シリーズは大学修学の際に求められる機能とジャンルを中心に会話, 聞き取り, 作文, 読解能力が向上するように実用的な課題と活動で構成された分離型教材だ。これらの教材は学習者たちが興味を持つことができる主題と状況をパターンとしてさまざまなコミュニケーション機能及び戦略を学べるよう配慮した。

《大学生活のための韓国語》と《大学講義受講のための韓国語》が延世大学校言語研究教育院韓国語学堂で勉強する学生たちだけではなく、韓国内で大学や大学院修学を目的とするすべての韓国語学習者たちの役に立つ事を願う。

延世大学校言語研究教育院
韓国語学堂 教材編纂委員会

前言

国内最富盛名、传承了韩国语教育的50年优良传统的延世大学语言研究教育院韩国语学堂，以提高韩国语教育的质量己任，编辑了大量优质教材。

最近，随着在韩国国内的大学及大学院中学习及即将入学的外国人的增加，对以学术为目的的韩国语教材的需求与日俱增。因此，面向以在大学学习为目的的外国留学生，延世大学语言研究教育院韩国语学堂出版了能教授韩国语及韩国文化的新教材。

延世大学语言研究教育院韩国语学堂出版的这本教材，由能集中提高大学生活需要的基本沟通能力的《大学生活韩国语》系列，及集中提高大学听课能力的《大学听课韩国语》系列组成。

《大学生活韩国语》系列由面向初级学者的《大学生活初级韩国语》，面向中级学者的《大学生活中级韩国语1》，及《大学生活中级韩国语2》组成。

《大学听课韩国语》系列由面向中级学者的《大学听课中级韩国语1》，《大学听课中级韩国语2》，以及面向高级学者的《大学听课高级韩国语》组成。

《大学生活韩国语》系列是一套分类型教材，本教材以韩国语学习各等级要求的内容为主题，由以能提高学习者的口语，听力，写作能力的丰富多样的作业及活动构成。

另外，《大学听课韩国语》系列是一套分类型教材，本教材以大学听课中所需的能力及体裁为中心，由以能提高学习者的口语，听力，写作，阅读能力的实用型的作业及活动构成。这些教材以激发学习者兴趣的主题和情景为基础，并考虑到了教授学生各种沟通能力及技巧。

希望《大学生活韩国语》及《大学听课韩国语》系列教材，对在延世大学语言研究教育院韩国语学堂中学习的学生，以及在韩国国内大学及大学院上学的所有韩国语学习者们有所帮助。

延世大学语言研究教育院
韩国语学堂 教材编辑委员会

【 일러두기 】

- 『대학 생활을 위한 한국어 듣기 초급 I 』은 총 10개의 과로 이루어져 있으며, 각 과는 3개의 항으로 구성되어 있다. 각 항에서는 제목과 함께 기능이 드러나도록 학습목표를 제시한다.

- 각 항은 모두 세 단계로 구성되며, 이는 **【준비해 봅시다】**, **【들어 봅시다】**, **【정리해 봅시다】**로 구성된다.

- **【준비해 봅시다】**는 도입 단계로서 항의 상황이나 주제를 도입하는 삽화를 이용한 말하기 활동으로 구성된다.

03 동생한테 가끔 이메일을 보냅니다

학/습/목/표 형제에 대한 이야기를 듣고 이해할 수 있다.

EN Objective To be able to listen and understand a description about siblings.

JP 学修目標 兄弟についての話を聴いて理解することが出来る。

CH 学习目标 听有关兄弟的对话并能理解。

【 준비해 봅시다 】 EN Let's prepare. JP 準備しましょう。 CH 准备一下。

가족이 모두 몇 명입니까?

EN How many members of your family are there? JP 家族は全部で何人ですか? CH 你们家一共有几口人?

【 들어 봅시다 】 EN Let's listen. JP 聴いてみましょう。 CH 请听一听。

01 듣고 문장을 완성하십시오. ❸ 01~04

EN Listen and complete the sentence. JP 次の文を聴いて完成してください。 CH 听文章并正确填写。

1. 제 가족은 ____________ 입니다.
2. ____________ 어머니, 그리고 저입니다.
3. 어머니께서 ____________ 날마다 전화를 하십니다.
4. 저는 ____________ 가끔 이메일을 보냅니다.

38

듣기 활동을 준비할 수 있는 삽화와 질문을 제공한다.

【들어 봅시다】 [1]단계에서는 소리와 어휘의 듣기 연습을 통해 듣기 능력을 제고할 수 있는 활동지가 제시된다.

- **【들어 봅시다】**는 과에 따라 4~5단계로 구성된다. 1과부터 5과까지는 5단계로 구성되며, 6과 이후는 4단계로 구성된다.

- **1과~5과**

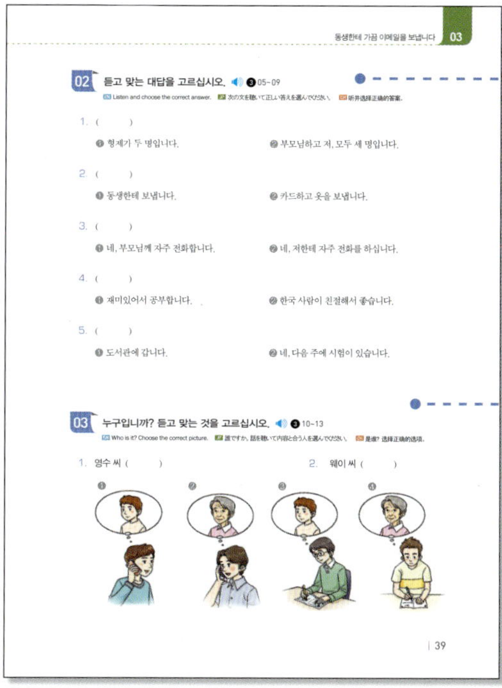

동생한테 가끔 이메일을 보냅니다 03

02 듣고 맞는 대답을 고르십시오. 3 05~09

EN Listen and choose the correct answer. JP 次の文を聴いて正しい答えを選んでください。 CN 听并选择正确的答案.

1. (   )
① 형제가 두 명입니다. ② 부모님하고 저, 모두 세 명입니다.

2. (   )
① 동생한테 보냅니다. ② 카드하고 옷을 보냅니다.

3. (   )
① 네, 부모님께 자주 전화합니다. ② 네, 저한테 자주 전화를 하십니다.

4. (   )
① 재미있어서 공부합니다. ② 한국 사람이 친절해서 좋습니다.

5. (   )
① 도서관에 갑니다. ② 네, 다음 주에 시험이 있습니다.

03 누구입니까? 듣고 맞는 것을 고르십시오. 3 10~13

EN Who is it? Choose the correct picture. JP 誰ですか。話を聴いて内容と合う人を選んでください。 CN 是谁? 选择正确的选项.

1. 영수 씨 (   ) 2. 웨이 씨 (   )

① ② ③ ④

39

【들어 봅시다】 [2]단계에서는 담화의 내용을 이해하고 그에 대응하는 적절한 표현을 찾음으로써 듣기 능력을 제고할 수 있는 활동지가 제시된다.

【들어 봅시다】 [3] – [4]단계에서는 전체 내용 이해를 위한 활동지가 제시된다.

제3과 친구와 가족

3. 마리아 씨 (   ) 4. 제인 씨 (   )

① ② ③ ④

04 듣고 대화를 완성하십시오. 3 14

EN Listen and complete the conversation. JP 次の対話を聴いて完成してください。 CN 听对话并完成文章.

보기

미 미 : 가족이 ______________ 입니까?
제임스 : 아버지, 어머니, 형하고 저, 네 명입니다.
미 미 : 부모님께 ______________?
제임스 : 네, 자주 합니다.
미 미 : 전화요금이 ______________?
제임스 : 인터넷 전화여서 ______________.

05 듣고 질문에 답하십시오. 3 15~17

EN Listen and answer the question. JP 話を聴いて質問に答えてください。 CN 听并回答问题.

1. 이야기를 듣고 맞는 것에 ✓ 표 하십시오.

EN Listen to the story and mark ✓ under the correct picture. JP 話を聴いて内容と合っているものに✓を付けてください。 CN 听短文并在正确的选项上划✓.

①(   ) ②(   ) ③(   ) ④(   )

대학 생활을 위한 한국어 듣기 (초급 1)

40

【들어 봅시다】 [5]단계에서는 학습자가 자신의 상황에 맞는 또는 주제와 관련한 다양한 담화를 듣고 그에 따른 과제를 수행할 수 있는 활동지가 제시된다.

- **6과~10과**

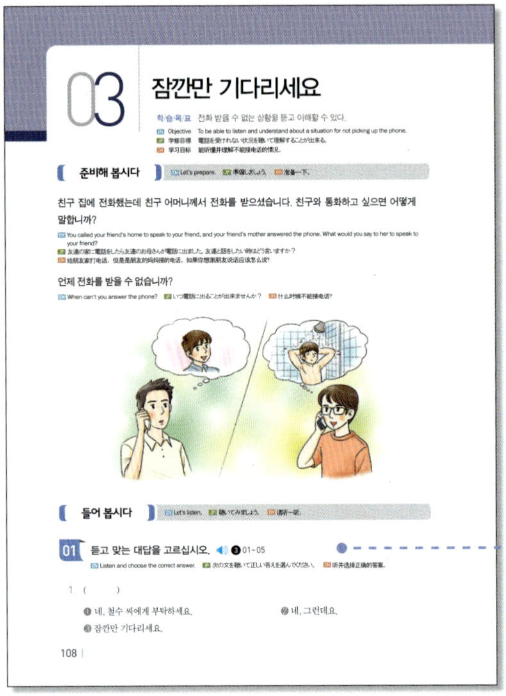

03 잠깐만 기다리세요

학습목표 전화 받을 수 없는 상황을 듣고 이해할 수 있다.

EN Objective To be able to listen and understand about a situation for not picking up the phone.

JP 学修目標 電話を受けれない状況を聴いて理解することが出来る。

CH 学习目标 能听懂并理解不能接电话的情况。

【 준비해 봅시다 】 EN Let's prepare. JP 準備しましょう。 CH 准备一下。

친구 집에 전화했는데 친구 어머니께서 전화를 받으셨습니다. 친구와 통화하고 싶으면 어떻게 말합니까?

EN You called your friend's home to speak to your friend, and your friend's mother answered the phone. What would you say to her to speak to your friend?

JP 友達の家に電話をしたら友達のお母さんが電話に出ました。友達と話をしたい時はどう言いますか？

CH 给朋友家打电话，但是是朋友的妈妈接的电话。如果你想跟朋友说话应该怎么说?

언제 전화를 받을 수 없습니까?

EN When can't you answer the phone? JP いつ電話に出ることが出来ませんか？ CH 什么时候不能接电话?

【 들어 봅시다 】 EN Let's listen. JP 聴いてみましょう。 CH 请听一听。

01 듣고 맞는 대답을 고르십시오. 3 01~05

EN Listen and choose the correct answer. JP 次の文を聴いて正しい答えを選んでください。 CH 听并选择正确的答案。

1. (　　　)

① 네, 철수 씨에게 부탁하세요.　② 네, 그런데요.

③ 잠깐만 기다리세요.

108

【들어 봅시다】 [1]단계에서는 담화의 내용을 이해하고 그에 대응하는 적절한 표현을 찾음으로써 듣기 능력을 제고할 수 있는 활동지가 제시된다.

【들어 봅시다】 [2]단계에서는 전체 내용 이해를 위한 다양한 활동지가 제시된다.

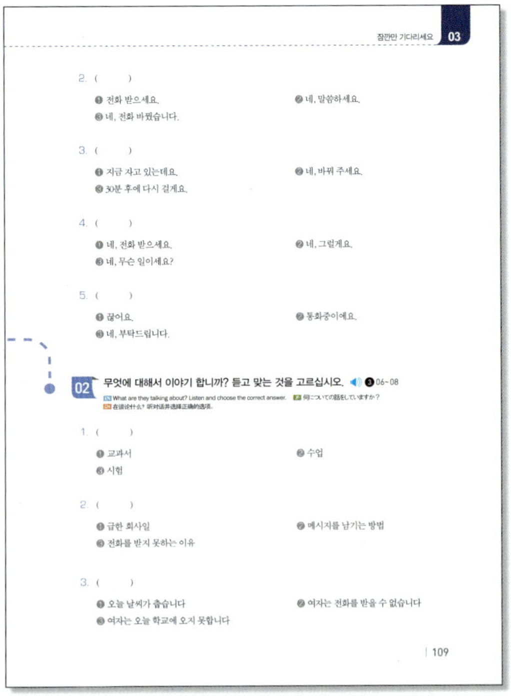

잠깐만 기다리세요 03

2. (　　　)

① 전화 받으세요.　② 네, 말씀하세요.

③ 네, 전화 바꿨습니다.

3. (　　　)

① 지금 자고 있는데요.　② 네, 바꿔 주세요.

③ 30분 후에 다시 걸게요.

4. (　　　)

① 네, 전화 받으세요.　② 네, 그럴게요.

③ 네, 무슨 일이세요?

5. (　　　)

① 끊어요.　② 통화중이에요.

③ 네, 부탁드립니다.

02 무엇에 대해서 이야기 합니까? 듣고 맞는 것을 고르십시오. 3 06~08

EN What are they talking about? Listen and choose the correct answer. JP 何についての話をしていますか？

CH 在谈论什么? 听对话并选择正确的选项。

1. (　　　)

① 교과서　② 수업

③ 시험

2. (　　　)

① 급한 회사일　② 메시지를 남기는 방법

③ 전화를 받지 못하는 이유

3. (　　　)

① 오늘 날씨가 춥습니다　② 여자는 전화를 받을 수 없습니다

③ 여자는 오늘 학교에 오지 못합니다

109

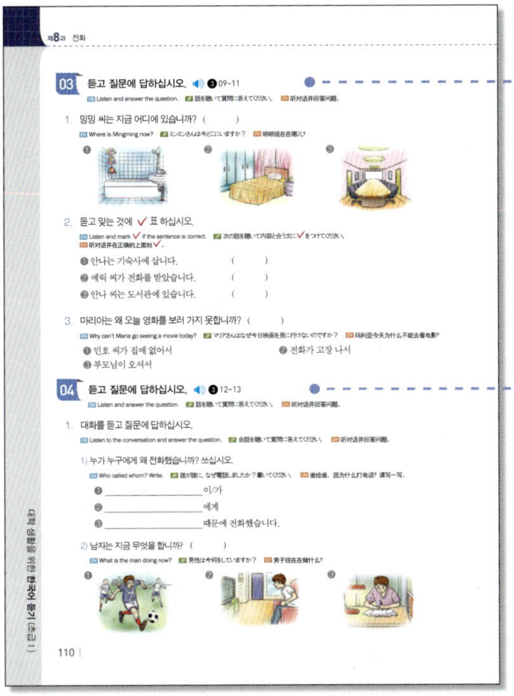

제8과 전화

03 듣고 질문에 답하십시오. ❸ 09~11

EN Listen and answer the question. JP 話を聴いて質問に答えてください。 CN 听对话并回答问题。

1. 밍밍 씨는 지금 어디에 있습니까? (　　　)

EN Where is Mingming now? JP ミンミンさんは今どこにいますか？ CN 明明现在在哪儿?

❶ ❷ ❸

2. 듣고 맞는 것에 ✓ 표 하십시오.

EN Listen and mark ✓ if the sentence is correct. JP 次の話を聴いて内容と合う文に✓をつけてください。 CN 听对话并在正确的上面划✓。

❶ 안나는 기숙사에 삽니다. (　　　)
❷ 에릭 씨가 전화를 받았습니다. (　　　)
❸ 안나 씨는 도서관에 있습니다. (　　　)

3. 마리아는 왜 오늘 영화를 보러 가지 못합니까? (　　　)

EN Why can't Maria go seeing a movie today? JP マリアさんはなぜ今日映画を見に行けないのですか？ CN 玛利亚今天为什么不能去看电影?

❶ 민호 씨가 집에 없어서　❷ 전화가 고장 나서
❸ 부모님이 오셔서

04 듣고 질문에 답하십시오. ❸ 12~13

EN Listen and answer the question. JP 話を聴いて質問に答えてください。 CN 听对话并回答问题。

1. 대화를 듣고 질문에 답하십시오.

EN Listen to the conversation and answer the question. JP 会話を聴いて質問に答えてください。 CN 听对话并回答问题。

1) 누가 누구에게 왜 전화했습니까? 쓰십시오.

EN Who called whom? Write. JP 誰が誰に、なぜ電話しましたか？書いてください。 CN 谁给谁、因为什么打电话? 请写一写。

❶ ____________ 이/가
❷ ____________ 에게
❸ ____________ 때문에 전화했습니다.

2) 남자는 지금 무엇을 합니까? (　　　)

EN What is the man doing now? JP 男性は今何をしていますか？ CN 男子现在在做什么?

❶ ❷ ❸

대학 생활을 위한 한국어 듣기(초급1)

110

【들어 봅시다】 [3]단계에서는 담화를 듣고 정보를 찾는 다양한 활동지가 제시된다.

【들어 봅시다】 [4]단계에서는 학습자가 자신의 상황에 맞는 또는 주제와 관련한 다양한 담화를 듣고 그에 따른 과제를 수행할 수 있는 활동지가 제시된다.

【정리해 봅시다】는 듣기 활동에 대한 평가 혹은 유사한 경험과의 비교나 연계를 통해 듣기 활동을 정리하고 마무리한다.

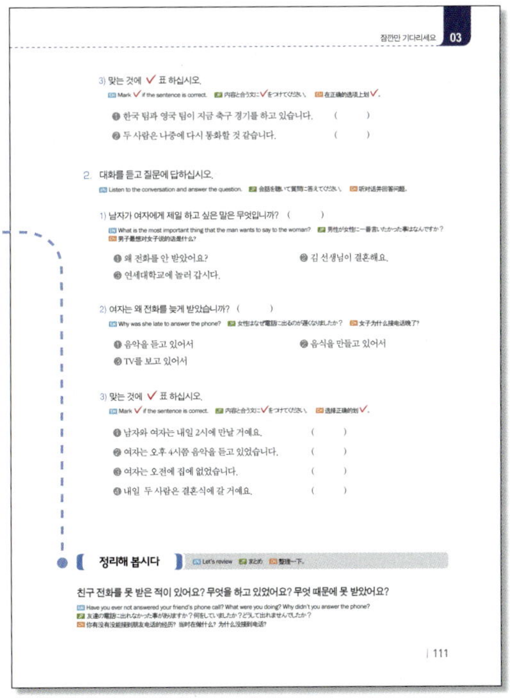

잠깐만 기다리세요 03

3) 맞는 것에 ✓ 표 하십시오.

EN Mark ✓ if the sentence is correct. JP 内容と合う文に✓をつけてください。 CN 在正确的选项上划✓。

❶ 한국 팀과 영국 팀이 지금 축구 경기를 하고 있습니다. (　　　)
❷ 두 사람은 나중에 다시 통화할 것 같습니다. (　　　)

2. 대화를 듣고 질문에 답하십시오.

EN Listen to the conversation and answer the question. JP 会話を聴いて質問に答えてください。 CN 听对话并回答问题。

1) 남자가 여자에게 제일 하고 싶은 말은 무엇입니까? (　　　)

EN What is the most important thing that the man wants to say to the woman? JP 男性が女性に一番言いたかった事はなんですか？ CN 男子最想对女子说的话是什么?

❶ 왜 전화를 안 받았어요?　❷ 김 선생님이 결혼해요.
❸ 연세대학교에 놀러 갑시다.

2) 여자는 왜 전화를 늦게 받았습니까? (　　　)

EN Why was she late to answer the phone? JP 女性はなぜ電話に出るのが遅くなりましたか？ CN 女子为什么接电话晚了?

❶ 음악을 듣고 있어서　❷ 음식을 만들고 있어서
❸ TV를 보고 있어서

3) 맞는 것에 ✓ 표 하십시오.

EN Mark ✓ if the sentence is correct. JP 内容と合う文に✓をつけてください。 CN 选择正确的划✓。

❶ 남자와 여자는 내일 2시에 만날 거예요. (　　　)
❷ 여자는 오후 4시쯤 음악을 듣고 있었습니다. (　　　)
❸ 여자는 오전에 집에 없었습니다. (　　　)
❹ 내일 두 사람은 결혼식에 갈 거예요. (　　　)

【정리해 봅시다】 EN Let's review JP まとめ CN 整理一下。

친구 전화를 못 받은 적이 있어요? 무엇을 하고 있었어요? 무엇 때문에 못 받았어요?

EN Have you ever not answered your friend's phone call? What were you doing? Why didn't you answer the phone?
JP 友達の電話に出れなかった事がありますか？何をしていましたか？どうして出れませんでしたか？
CN 你有没有没能接到朋友电话的经历? 当时在做什么? 为什么没接到电话?

111

How To Use This Book

- 'Korean for University Life-Listening Beginner's Level' is comprised of ten chapters, and each chapter is formed of three sections. Each of the section displays the objectives of the section to expose the title and functions together.

- The three steps of each section are 【Let's prepare】, 【Let's listen】 and 【Let's review】.

- 【Let's prepare】, an introductory step, is formed of speaking activity along with an illustration to introduce the learners to the situation or theme of the section.

03 동생한테 가끔 이메일을 보냅니다

학/습/목/표 형제에 대한 이야기를 듣고 이해할 수 있다.

EN Objective To be able to listen and understand a description about siblings.

JP 学修目標 兄弟についての話を聴いて理解することが出来る。

CN 学习目标 听有关兄弟的对话并能理解。

【준비해 봅시다】 EN Let's prepare. JP 準備しましょう。 CN 准备一下。

가족이 모두 몇 명입니까?

EN How many members of your family are there? JP 家族は全部で何人ですか? CN 你们家一共有几口人?

【들어 봅시다】 EN Let's listen. JP 聴いてみましょう。 CN 请听一听。

01 듣고 문장을 완성하십시오. 3 01~04

EN Listen and complete the sentence. JP 次の文を聴いて完成してください。 CN 听文章并正确填写。

1. 제 가족은 ______________ 입니다.
2. ______________ 어머니, 그리고 저입니다.
3. 어머니께서 ______________ 날마다 전화를 하십니다.
4. 저는 ______________ 가끔 이메일을 보냅니다.

38

This provides questions and illustrations to help the learners prepare for listening activities.

【Let's Listen】 [1] step provides activities to promote listening skills through listening practices of sounds and vocabulary.

- 【Let's listen】 is formed of four to five steps depending on the chapter. Chapters 1 through 5 is formed five steps, and rest of the chapters are formed of four steps.

- Chapter 1 to 5

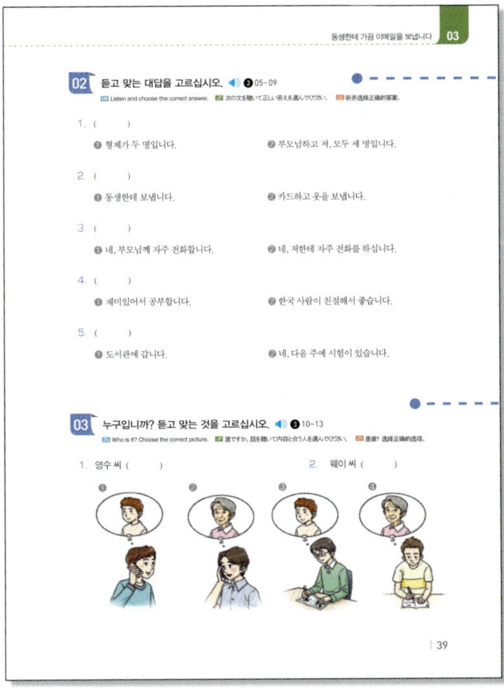

동생한테 가끔 이메일을 보냅니다 03

02 듣고 맞는 대답을 고르십시오. 05-09

1. ( )
❶ 형제가 두 명입니다. ❷ 부모님하고 저, 모두 세 명입니다.

2. ( )
❶ 동생한테 보냅니다. ❷ 카드하고 옷을 보냅니다.

3. ( )
❶ 네, 부모님께 자주 전화합니다. ❷ 네, 저한테 자주 전화를 하십니다.

4. ( )
❶ 재미있어서 공부합니다. ❷ 한국 사람이 친절해서 좋습니다.

5. ( )
❶ 도서관에 갑니다. ❷ 네, 다음 주에 시험이 있습니다.

03 누구입니까? 듣고 맞는 것을 고르십시오. 10-13

1. 영수 씨 ( ) 2. 웨이 씨 ( )

39

[Let's Listen] [2] step provides activities to promote listening skills by having the learners find appropriate expressions that correspond to the listening script.

[Let's Listen] [3~4] steps provide activities to help the learners understand the overall content of the listening scripts

제3과 친구와 가족

3. 마리아 씨 ( ) 4. 제인 씨 ( )

04 듣고 대화를 완성하십시오. 14

보기
미 미 : 가족이 ____________ 입니까?
제임스 : 아버지, 어머니, 형하고 저, 네 명입니다.
미 미 : 부모님께 ____________?
제임스 : 네, 자주 합니다.
미 미 : 전화요금이 ____________?
제임스 : 인터넷 전화여서 ____________.

05 듣고 질문에 답하십시오. 15-17

1. 이야기를 듣고 맞는 것에 ✓ 표 하십시오.

❶ ( ) ❷ ( ) ❸ ( ) ❹ ( )

40

[Let's Listen] [5] step provides activities to help learners be able to understand various listening scripts of different situations or themes.

- Chapters 6 to 10

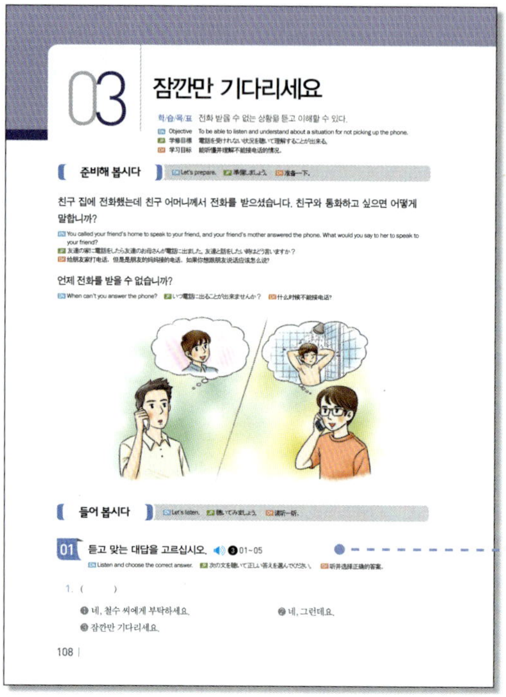

03 잠깐만 기다리세요

학/습/목/표 전화 받을 수 없는 상황을 듣고 이해할 수 있다.

EN Objective To be able to listen and understand about a situation for not picking up the phone.

JP 学修目標 電話を受けれない状況を聴いて理解することが出来る。

CH 学习目标 能听懂并理解不能接电话的情况。

【 준비해 봅시다 】 EN Let's prepare. JP 準備しましょう。 CH 准备一下。

친구 집에 전화했는데 친구 어머니께서 전화를 받으셨습니다. 친구와 통화하고 싶으면 어떻게 말합니까?

EN You called your friend's home to speak to your friend, and your friend's mother answered the phone. What would you say to her to speak to your friend?

JP 友達の家に電話をしたら友達のお母さんが電話に出ました。友達と話をしたい時はどう言いますか？

CH 给朋友家打电话，但是是朋友的妈妈接的电话。如果你想跟朋友说话应该怎么说?

언제 전화를 받을 수 없습니까?

EN When can't you answer the phone? JP いつ電話に出ることが出来ませんか？ CH 什么时候不能接电话?

【 들어 봅시다 】 EN Let's listen. JP 聴いてみましょう。 CH 请听一听。

01 듣고 맞는 대답을 고르십시오. 3 01~05

EN Listen and choose the correct answer. JP 次の文を聴いて正しい答えを選んでください。 CH 听并选择正确的答案。

1. (   )

① 네, 철수 씨에게 부탁하세요.
② 네, 그런데요.
③ 잠깐만 기다리세요.

108

[Let's Listen] [1] step provides activities to promote listening skills by having learners understand the content of the script and be able to find appropriate expressions that correspond to the listening script.

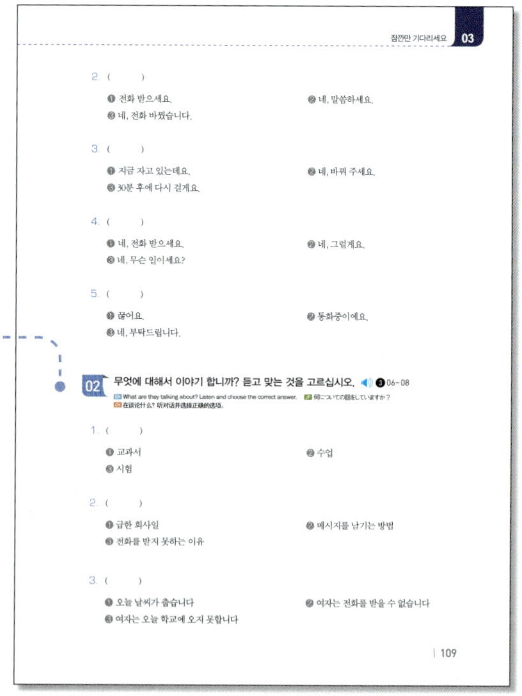

잠깐만 기다리세요 03

2. (   )

① 전화 받으세요.
② 네, 말씀하세요.
③ 네, 전화 바꿨습니다.

3. (   )

① 지금 자고 있는데요.
② 네, 바꿔 주세요.
③ 30분 후에 다시 걸게요.

4. (   )

① 네, 전화 받으세요.
② 네, 그럴게요.
③ 네, 무슨 일이세요?

5. (   )

① 끊어요.
② 통화중이에요.
③ 네, 부탁드립니다.

02 무엇에 대해서 이야기 합니까? 듣고 맞는 것을 고르십시오. 3 06~08

EN What are they talking about? Listen and choose the correct answer. JP 何についての話をしていますか？

CH 在谈论什么? 听对话并选择正确的选项。

1. (   )

① 교과서
② 수업
③ 시험

2. (   )

① 급한 회사일
② 메시지를 남기는 방법
③ 전화를 받지 못하는 이유

3. (   )

① 오늘 날씨가 춥습니다
② 여자는 전화를 받을 수 없습니다
③ 여자는 오늘 학교에 오지 못합니다

109

[Let's Listen] [2] step provides various activities to help learners understand the overall content of the listening scripts.

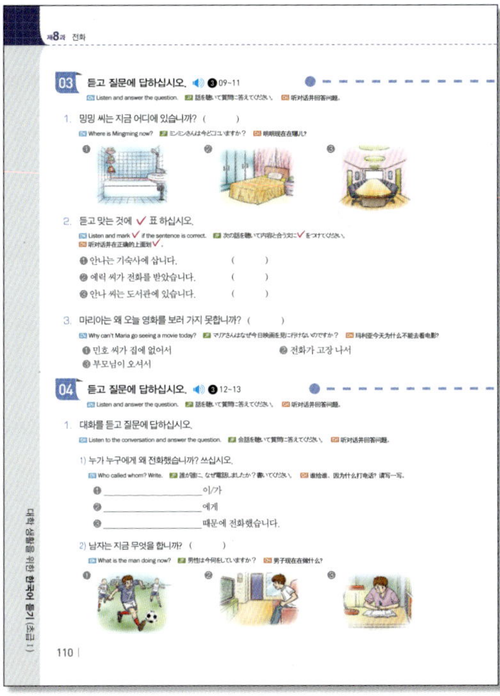

제8과 전화

03 듣고 질문에 답하십시오. 3 09~11

Listen and answer the question. 話を聴いて質問に答えてください。 听对话并回答问题。

1. 밍밍 씨는 지금 어디에 있습니까? (　　)

Where is Mingming now?

2. 듣고 맞는 것에 ✓ 표 하십시오.

Listen and mark ✓ if the sentence is correct.

① 안나는 기숙사에 삽니다. (　　)
② 에릭 씨가 전화를 받았습니다. (　　)
③ 안나 씨는 도서관에 있습니다. (　　)

3. 마리아는 왜 오늘 영화를 보러 가지 못합니까? (　　)

Why can't Maria go seeing a movie today?

① 민호 씨가 집에 없어서　② 전화가 고장 나서
③ 부모님이 오셔서

04 듣고 질문에 답하십시오. 3 12~13

Listen and answer the question. 話を聴いて質問に答えてください。 听对话并回答问题。

1. 대화를 듣고 질문에 답하십시오.

Listen to the conversation and answer the question.

1) 누가 누구에게 왜 전화했습니까? 쓰십시오.

Who called whom? Write.

① ________ 이/가
② ________ 에게
③ ________ 때문에 전화했습니다.

2) 남자는 지금 무엇을 합니까? (　　)

What is the man doing now?

대학 생활을 위한 한국어 듣기 (초급 1)

110

[Let's Listen] [3] step provides various activities to have learners find information from the listening script.

[Let's Listen] [4] step provides activities to have learners complete the tasks after listening to various listening scripts of different situations or themes.

[Let's review] step wraps up the listening activities through evaluating the listening activities or attempting to relate or compare the learners' experiences to the listening activities.

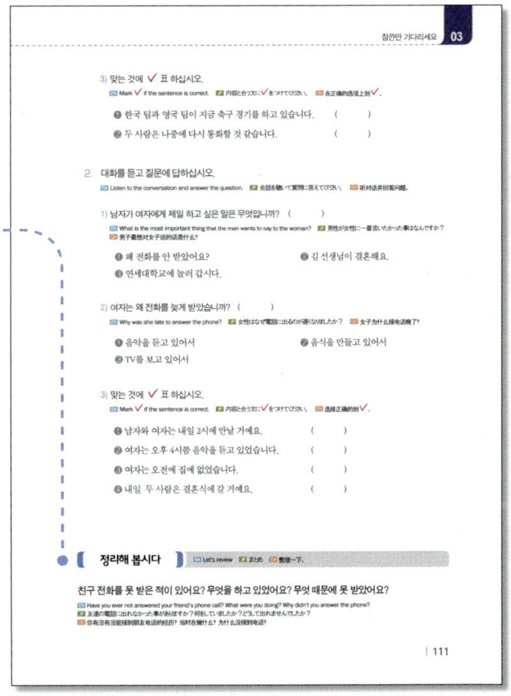

잠깐만 기다리세요 03

3) 맞는 것에 ✓ 표 하십시오.

Mark ✓ if the sentence is correct.

① 한국 팀과 영국 팀이 지금 축구 경기를 하고 있습니다. (　　)
② 두 사람은 나중에 다시 통화할 것 같습니다. (　　)

2. 대화를 듣고 질문에 답하십시오.

Listen to the conversation and answer the question.

1) 남자가 여자에게 제일 하고 싶은 말은 무엇입니까? (　　)

What is the most important thing that the man wants to say to the woman?

① 왜 전화를 안 받았어요?　② 김 선생님이 결혼해요.
③ 연세대학교에 놀러 갑시다.

2) 여자는 왜 전화를 늦게 받았습니까? (　　)

Why was she late to answer the phone?

① 음악을 듣고 있어서　② 음식을 만들고 있어서
③ TV를 보고 있어서

3) 맞는 것에 ✓ 표 하십시오.

Mark ✓ if the sentence is correct.

① 남자와 여자는 내일 2시에 만날 거예요. (　　)
② 여자는 오후 4시쯤 음악을 듣고 있었습니다. (　　)
③ 여자는 오전에 집에 없었습니다. (　　)
④ 내일 두 사람은 결혼식에 갈 거예요. (　　)

정리해 봅시다 Let's review まとめ 整理一下。

친구 전화를 못 받은 적이 있어요? 무엇을 하고 있었어요? 무엇 때문에 못 받았어요?

Have you ever not answered your friend's phone call? What were you doing? Why didn't you answer the phone?

111

【凡例】

- '大学生活 聴き取り 初級'は10個の単元からなり、各単元は3つの項で構成されている。各項では題名と共にその機能が判るように学習目標を提示した。

- 各項は【準備しましょう】、【聴いてみましょう】、【まとめ】の3つの段階で構成されている。

- 【準備しましょう】は導入の段階として、各項の状況や主題に導入する挿絵を利用した会話活動で構成されている。

03 동생한테 가끔 이메일을 보냅니다

학습목표 형제에 대한 이야기를 듣고 이해할 수 있다.
EN Objective To be able to listen and understand a description about siblings.
JP 学修目標 兄弟についての話を聴いて理解することが出来る。
CH 学习目标 听有关兄弟的对话并能理解。

【준비해 봅시다】 EN Let's prepare. JP 準備しましょう。 CH 准备一下。

가족이 모두 몇 명입니까?
EN How many members of your family are there? JP 家族は全部で何人ですか? CH 你们家一共有几口人?

【들어 봅시다】 EN Let's listen. JP 聴いてみましょう。 CH 请听一听。

01 듣고 문장을 완성하십시오. ❸ 01~04
EN Listen and complete the sentence. JP 次の文を聴いて完成してください。 CH 听文章并正确填写。

1. 제 가족은 ______________ 입니다.
2. ______________ 어머니, 그리고 저입니다.
3. 어머니께서 ______________ 날마다 전화를 하십니다.
4. 저는 ______________ 가끔 이메일을 보냅니다.

38

聴き取りの学習準備のための挿絵と質問を提示する。

【聴いてみましょう】[1]段階では音と語彙の聴き取り練習を通して聴き取り能力を高める練習問題が提示される。

- 【聴いてみましょう】は単元ごとに4~5段階で構成されている。1単元から5単元までは5つ、6単元からは4つの段階からなる。

- <1単元~5単元>

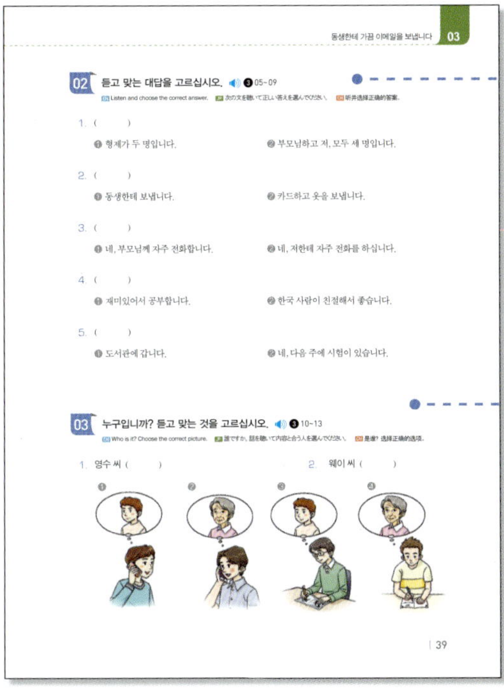

동생한테 가끔 이메일을 보냅니다 03

02 듣고 맞는 대답을 고르십시오. ❸ 05~09

EN Listen and choose the correct answer. JP 次の文を聴いて正しい答えを選んでください。 CN 听并选择正确的答案。

1. (　　)
① 형제가 두 명입니다.　② 부모님하고 저, 모두 세 명입니다.

2. (　　)
① 동생한테 보냅니다.　② 카드하고 옷을 보냅니다.

3. (　　)
① 네, 부모님께 자주 전화합니다.　② 네, 저한테 자주 전화를 하십니다.

4. (　　)
① 재미있어서 공부합니다.　② 한국 사람이 친절해서 좋습니다.

5. (　　)
① 도서관에 갑니다.　② 네, 다음 주에 시험이 있습니다.

03 누구입니까? 듣고 맞는 것을 고르십시오. ❸ 10~13

EN Who is it? Choose the correct picture. JP 誰ですか。話を聴いて内容と合う人を選んでください。 CN 是谁? 选择正确的选项。

1. 영수 씨 (　　)　2. 웨이 씨 (　　)

① ② ③ ④

39

【聴いてみましょう】[2]段階では会話の内容を理解し、その内容に合う表現を探すことで聴き取り能力を高める練習問題が提示される。

【聴いてみましょう】[3]-[4]段階では全体の内容を理解するための練習問題が提示される。

제3과 친구와 가족

3. 마리아 씨 (　　)　4. 제인 씨 (　　)

① ② ③ ④

04 듣고 대화를 완성하십시오. ❸ 14

EN Listen and complete the conversation. JP 次の対話を聴いて完成してください。 CN 听对话并完成文章。

보기

미　미 : 가족이 ________________ 입니까?
제임스 : 아버지, 어머니, 형하고 저, 네 명입니다.
미　미 : 부모님께 ________________?
제임스 : 네, 자주 합니다.
미　미 : 전화요금이 ________________?
제임스 : 인터넷 전화여서 ________________.

05 듣고 질문에 답하십시오. ❸ 15~17

EN Listen and answer the question. JP 話を聴いて質問に答えてください。 CN 听并回答问题。

1. 이야기를 듣고 맞는 것에 ✓ 표 하십시오.

EN Listen to the story and mark ✓ under the correct picture. JP 話を聴いて内容と合っているものに✓を付けてください。 CN 听短文并在正确的选项上划✓。

①(　　)　②(　　)　③(　　)　④(　　)

대학 생활을 위한 한국어 듣기 (초급 1)

40

【聴いてみましょう】[5]段階では学習者が自分の状況に合った、もしくは主題と関連のある様々な会話を聴いて課題を行うための練習問題が提示される。

• 〈6単元～10単元〉

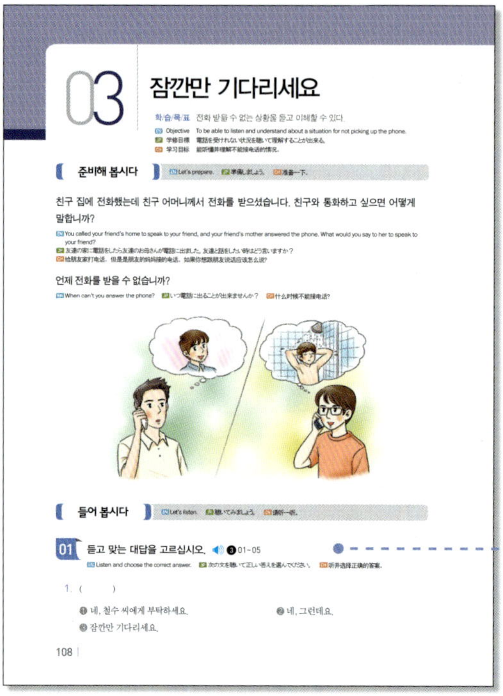

03 잠깐만 기다리세요

학습목표 전화 받을 수 없는 상황을 듣고 이해할 수 있다.

EN Objective To be able to listen and understand about a situation for not picking up the phone.
JP 学修目標 電話を受けれない状況を聴いて理解することが出来る。
CH 学习目标 能听懂并理解不能接电话的情况。

준비해 봅시다 EN Let's prepare. JP 準備しましょう。 CH 准备一下。

친구 집에 전화했는데 친구 어머니께서 전화를 받으셨습니다. 친구와 통화하고 싶으면 어떻게 말합니까?

EN You called your friend's home to speak to your friend, and your friend's mother answered the phone. What would you say to her to speak to your friend?
JP 友達の家に電話をしたら友達のお母さんが電話に出ました。友達と話をしたい時はどう言いますか？
CH 给朋友家打电话，但是是朋友的妈妈接的电话。如果你想跟朋友说话应该怎么说?

언제 전화를 받을 수 없습니까?

EN When can't you answer the phone? JP いつ電話に出ることが出来ませんか？ CH 什么时候不能接电话?

들어 봅시다 EN Let's listen. JP 聴いてみましょう。 CH 听一听。

01 듣고 맞는 대답을 고르십시오. 3 01~05

EN Listen and choose the correct answer. JP 次の文を聴いて正しい答えを選んでください。 CH 听并选择正确的答案。

1. ( )
① 네, 철수 씨에게 부탁하세요. ② 네, 그런데요.
③ 잠깐만 기다리세요.

108

【聴いてみましょう】[1]単元では会話の内容を理解し、内容に合う表現を探すことで聴き取り能力を高める練習問題が提示される。

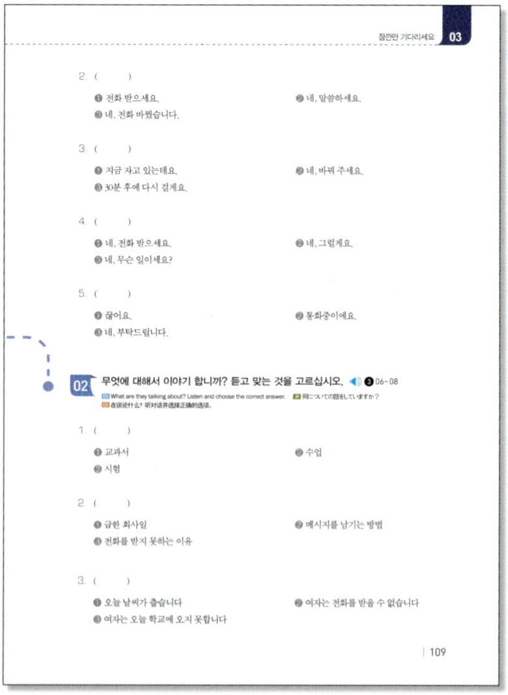

잠깐만 기다리세요 03

2. ( )
① 전화 받으세요. ② 네, 말씀하세요.
③ 네, 전화 바꿨습니다.

3. ( )
① 지금 자고 있는데요. ② 네, 바꿔 주세요.
③ 30분 후에 다시 걸게요.

4. ( )
① 네, 전화 받으세요. ② 네, 그럴게요.
③ 네, 무슨 일이세요?

5. ( )
① 끊어요. ② 통화중이에요.
③ 네, 부탁드립니다.

02 무엇에 대해서 이야기 합니까? 듣고 맞는 것을 고르십시오. 3 06~08

EN What are they talking about? Listen and choose the correct answer. JP 何について話していますか？
CH 在谈论什么? 听对话并选择正确的选项。

1. ( )
① 교과서 ② 수업
③ 시험

2. ( )
① 급한 회사일 ② 메시지를 남기는 방법
③ 전화를 받지 못하는 이유

3. ( )
① 오늘 날씨가 좋습니다 ② 여자는 전화를 받을 수 없습니다
③ 여자는 오늘 학교에 오지 못합니다

109

【聴いてみましょう】[2]段階ではは全体の内容を理解するための様々な練習問題が提示される。

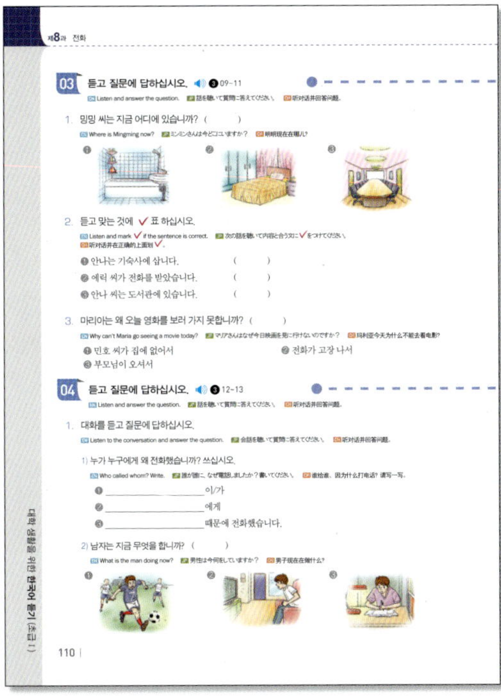

03 듣고 질문에 답하십시오. 3 09~11

EN Listen and answer the question. JP 話を聴いて質問に答えてください。 CH 听对话并回答问题。

1. 밍밍 씨는 지금 어디에 있습니까? (　　　)

EN Where is Mingming now? JP ミンミンさんは今どこにいますか？ CH 明明现在在哪儿?

① ② ③

2. 듣고 맞는 것에 ✓ 표 하십시오.

EN Listen and mark ✓ if the sentence is correct. JP 次の話を聴いて内容と合う文に✓をつけてください。 CH 听对话并在正确的上面划✓.

① 안나는 기숙사에 삽니다. (　　　)
② 에릭 씨가 전화를 받았습니다. (　　　)
③ 안나 씨는 도서관에 있습니다. (　　　)

3. 마리아는 왜 오늘 영화를 보러 가지 못합니까? (　　　)

EN Why can't Maria go seeing a movie today? JP マリアさんはなぜ今日映画を見に行けないのですか？ CH 玛利亚今天为什么不能去看电影?

① 민호 씨가 집에 없어서　② 전화가 고장 나서
③ 부모님이 오셔서

04 듣고 질문에 답하십시오. 3 12~13

EN Listen and answer the question. JP 話を聴いて質問に答えてください。 CH 听对话并回答问题。

1. 대화를 듣고 질문에 답하십시오.

EN Listen to the conversation and answer the question. JP 会話を聴いて質問に答えてください。 CH 听对话并回答问题。

1) 누가 누구에게 왜 전화했습니까? 쓰십시오.

EN Who called whom? Write. JP 誰が誰に、なぜ電話しましたか？書いてください。 CH 谁给谁、因为什么打电话? 请写一写。

① ______________ 이/가
② ______________ 에게
③ ______________ 때문에 전화했습니다.

2) 남자는 지금 무엇을 합니까? (　　　)

EN What is the man doing now? JP 男性は今何をしていますか？ CH 男子现在在做什么?

① ② ③

대학 생활을 위한 한국어 듣기 (초급 I)

【聴いてみましょう】[3] 段階では会話を聴いて情報を探す様々な練習問題が提示される。

【聴いてみましょう】-[4]段階では学習者が自分の状況に合う、もしくは主題と関連のある様々な会話を聴いて課題を行うための練習問題が提示される。

【まとめ】は聴き取りの活動についての評価、または類似した体験との比較や連係を通して聴き取り学習を整理しまとめる。

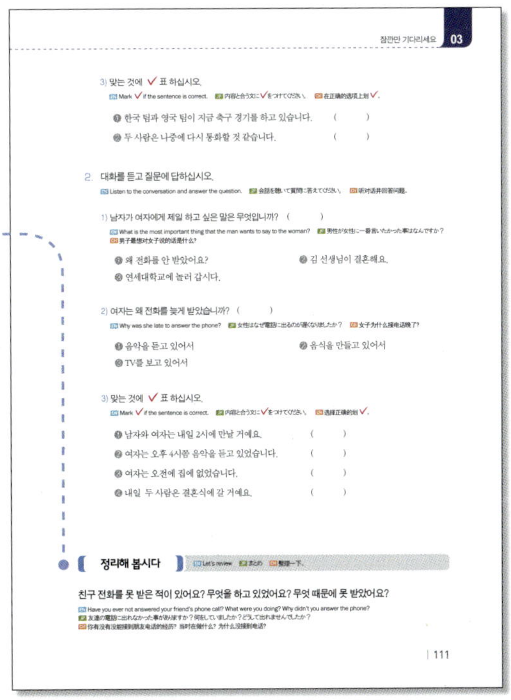

3) 맞는 것에 ✓ 표 하십시오.

EN Mark ✓ if the sentence is correct. JP 内容と合う文に✓をつけてください。 CH 在正确的选项上划✓.

① 한국 팀과 영국 팀이 지금 축구 경기를 하고 있습니다. (　　　)
② 두 사람은 나중에 다시 통화할 것 같습니다. (　　　)

2. 대화를 듣고 질문에 답하십시오.

EN Listen to the conversation and answer the question. JP 会話を聴いて質問に答えてください。 CH 听对话并回答问题。

1) 남자가 여자에게 제일 하고 싶은 말은 무엇입니까? (　　　)

EN What is the most important thing that the man wants to say to the woman? JP 男性が女性に一番言いたかった事はなんですか？ CH 男子最想对女子说的话是什么?

① 왜 전화를 안 받았어요?　② 김 선생님이 결혼해요.
③ 연세대학교에 놀러 갑시다.

2) 여자는 왜 전화를 늦게 받았습니까? (　　　)

EN Why was she late to answer the phone? JP 女性はなぜ電話に出るのが遅くなりましたか？ CH 女子为什么接电话晚了?

① 음악을 듣고 있어서　② 음식을 만들고 있어서
③ TV를 보고 있어서

3) 맞는 것에 ✓ 표 하십시오.

EN Mark ✓ if the sentence is correct. JP 内容と合う文に✓をつけてください。 CH 选择正确的划✓.

① 남자와 여자는 내일 2시에 만날 거예요. (　　　)
② 여자는 오후 4시쯤 음악을 듣고 있었습니다. (　　　)
③ 여자는 오전에 집에 없었습니다. (　　　)
④ 내일 두 사람은 결혼식에 갈 거예요. (　　　)

정리해 봅시다 EN Let's review JP まとめ CH 整理一下。

친구 전화를 못 받은 적이 있어요? 무엇을 하고 있었어요? 무엇 때문에 못 받았어요?

EN Have you ever not answered your friend's phone call? What were you doing? Why didn't you answer the phone?
JP 友達の電話に出れなかった事がありますか？何をしていましたか？どうして出れませんでしたか？
CH 你有没有没能接到朋友电话的经历? 当时在做什么? 为什么没接到电话?

编写说明

- ‘大學生活韓國語听力初级’这本书一共分为十个课，每个课由三项组成。在提出每项的题目和学习目标的同时展示出该项的作用。

- 每项由【准备一下】【听一听】【整理一下】三个阶段构成。

- 【准备一下】部分作为导入阶段，运用能导入该项背景情况及主题的插画，以口语练习的方式构成。

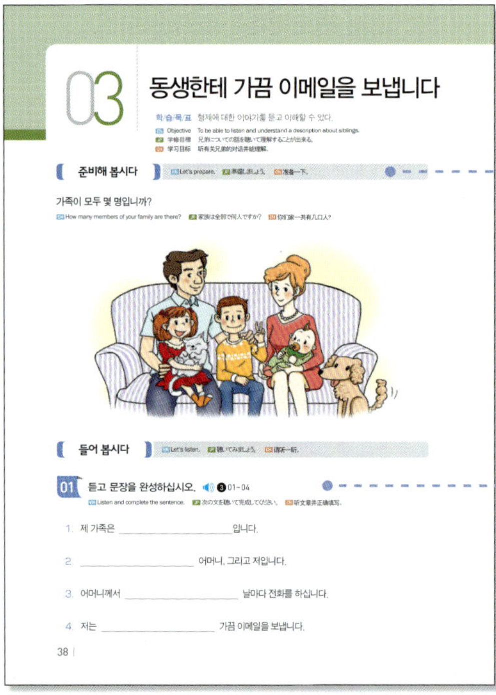

03 동생한테 가끔 이메일을 보냅니다

학/습/목/표 형제에 대한 이야기를 듣고 이해할 수 있다.
EN Objective To be able to listen and understand a description about siblings.
JP 学修目標 兄弟についての話を聴いて理解することが出来る。
CN 学习目标 听有关兄弟的对话并能理解。

【준비해 봅시다】 EN Let's prepare. JP 準備しましょう。 CN 准备一下。

가족이 모두 몇 명입니까?
EN How many members of your family are there? JP 家族は全部で何人ですか? CN 你们家一共有几口人?

【들어 봅시다】 EN Let's listen. JP 聴いてみましょう。 CN 请听一听。

01 듣고 문장을 완성하십시오. 3 01~04
EN Listen and complete the sentence. JP 次の文を聴いて完成してください。 CN 听文章并正确填写。

1. 제 가족은 ____________ 입니다.
2. ____________ 어머니, 그리고 저입니다.
3. 어머니께서 ____________ 날마다 전화를 하십니다.
4. 저는 ____________ 가끔 이메일을 보냅니다.

38

提供用来准备听力练习的插画及问题。

在【听一听】部分的[1]阶段中，提供相关的活动，让学生通过进行声音和词汇的听力练习，来提高听力能力。

- 【听一听】部分根据课的不同分为4～5个阶段。从第一课至第五课由5个阶段构成，第六课之后由4个阶段构成。

- 1课～5课

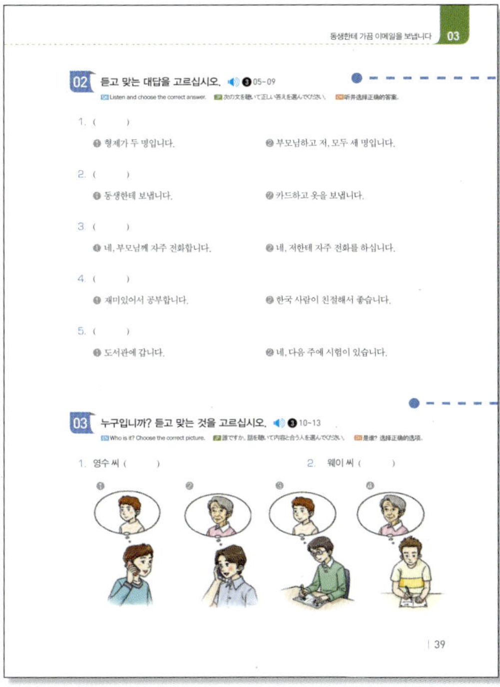

동생한테 가끔 이메일을 보냅니다 03

02 듣고 맞는 대답을 고르십시오. 3 05-09

EN Listen and choose the correct answer. JP 次の文を聴いて正しい答えを選んでください。 CH 听并选择正确的答案。

1. ( )
① 형제가 두 명입니다. ② 부모님하고 저, 모두 세 명입니다.

2. ( )
① 동생한테 보냅니다. ② 카드하고 옷을 보냅니다.

3. ( )
① 네, 부모님께 자주 전화합니다. ② 네, 저한테 자주 전화를 하십니다.

4. ( )
① 재미있어서 공부합니다. ② 한국 사람이 친절해서 좋습니다.

5. ( )
① 도서관에 갑니다. ② 네, 다음 주에 시험이 있습니다.

03 누구입니까? 듣고 맞는 것을 고르십시오. 3 10-13

EN Who is it? Choose the correct picture. JP 誰ですか。話を聴いて内容と合う人を選んでください。 CH 是谁? 选择正确的选项。

1. 영수 씨 ( ) 2. 웨이 씨 ( )

① ② ③ ④

| 39

在【听一听】部分的[2]阶段提供相关活动，让学生通过理解谈话的内容，寻找相对应的贴切的表达方式来提高听力能力。

在【听一听】部分的[3]-[4]阶段，提供用于理解整体内容的活动。

제3과 친구와 가족

3. 마리아 씨 ( ) 4. 제인 씨 ( )

① ② ③ ④

04 듣고 대화를 완성하십시오. 3 14

EN Listen and complete the conversation. JP 次の対話を聴いて完成してください。 CH 听对话并完成文章。

보기

미 미 : 가족이 ______________ 입니까?
제임스 : 아버지, 어머니, 형하고 저, 네 명입니다.
미 미 : 부모님께 ______________?
제임스 : 네, 자주 합니다.
미 미 : 전화요금이 ______________?
제임스 : 인터넷 전화여서 ______________.

05 듣고 질문에 답하십시오. 3 15-17

EN Listen and answer the question. JP 話を聴いて質問に答えてください。 CH 听并回答问题。

1. 이야기를 듣고 맞는 것에 ✓ 표 하십시오.

EN Listen to the story and mark ✓ under the correct picture. JP 話を聴いて内容と合っているものに✓を付けてください。 CH 听短文并在正确的选项上划 ✓.

① ( ) ② ( ) ③ ( ) ④ ( )

40 | 대학 생활을 위한 한국어 듣기 (초급 1)

在【听一听】部分的第[5]阶段提供相关的活动，让学习者听一听与自身情况相符，或者与主题相关的多种多样的对话，并完成作业。

- 6课～10课

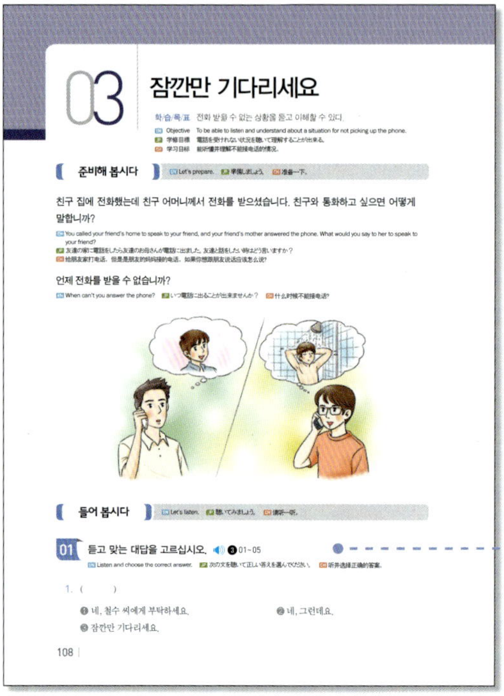

03 잠깐만 기다리세요

학/습/목/표 전화 받을 수 없는 상황을 듣고 이해할 수 있다.

EN Objective To be able to listen and understand about a situation for not picking up the phone.
JP 学修目標 電話を受けれない状況を聴いて理解することが出来る。
CH 学习目标 能听懂并理解不能接电话的情况。

준비해 봅시다 EN Let's prepare. JP 準備しましょう。 CH 准备一下。

친구 집에 전화했는데 친구 어머니께서 전화를 받으셨습니다. 친구와 통화하고 싶으면 어떻게 말합니까?

EN You called your friend's home to speak to your friend, and your friend's mother answered the phone. What would you say to her to speak to your friend?
JP 友達の家に電話をしたら友達のお母さんが電話に出ました。友達と話をしたい時はどう言いますか？
CH 给朋友家打电话，但是是朋友的妈妈接的电话。如果你想跟朋友说话应该怎么说?

언제 전화를 받을 수 없습니까?

EN When can't you answer the phone? JP いつ電話に出ることが出来ませんか？ CH 什么时候不能接电话?

들어 봅시다 EN Let's listen. JP 聴いてみましょう。 CH 听一听。

01 듣고 맞는 대답을 고르십시오. ❸ 01~05
EN Listen and choose the correct answer. JP 次の文を聴いて正しい答えを選んでください。 CH 听并选择正确的答案。

1. (　　　)
① 네, 철수 씨에게 부탁하세요.　② 네, 그런데요.
③ 잠깐만 기다리세요.

108

在【听一听】的第[1]阶段提供相关活动，让学生通过理解谈话的内容，寻找相对应的贴切的表达方式来提高听力能力。

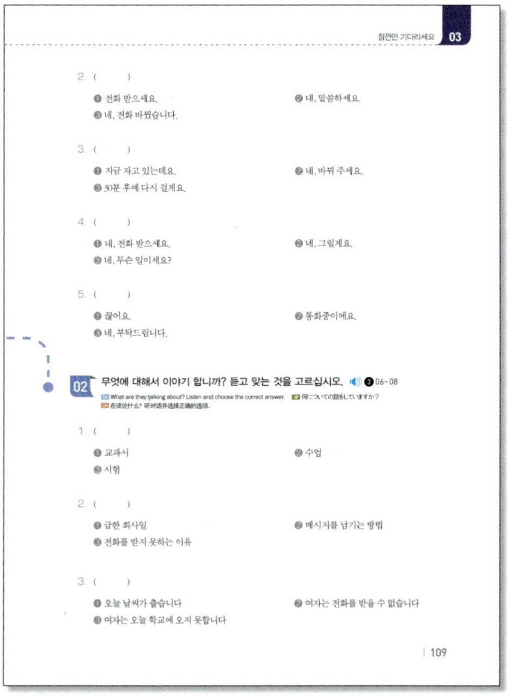

잠깐만 기다리세요 03

2. (　　　)
① 전화 받으세요.　② 네, 말씀하세요.
③ 네, 전화 바꿨습니다.

3. (　　　)
① 지금 자고 있는데요.　② 네, 바꿔 주세요.
③ 30분 후에 다시 걸게요.

4. (　　　)
① 네, 전화 받으세요.　② 네, 그럴게요.
③ 네, 무슨 일이세요?

5. (　　　)
① 끊어요.　② 통화중이에요.
③ 네, 부탁드립니다.

02 무엇에 대해서 이야기 합니까? 듣고 맞는 것을 고르십시오. ❸ 06~08
EN What are they talking about? Listen and choose the correct answer. JP 何についての話をしていますか？
CH 在谈论什么? 听对话并选择正确的选项。

1. (　　　)
① 교과서　② 수업
③ 시험

2. (　　　)
① 급한 회사일　② 메시지를 남기는 방법
③ 전화를 받지 못하는 이유

3. (　　　)
① 오늘 날씨가 춥습니다　② 여자는 전화를 받을 수 없습니다
③ 여자는 오늘 학교에 오지 못합니다

109

在【听一听】部分的第[2]阶段，提供用于理解整体内容的多种活动。

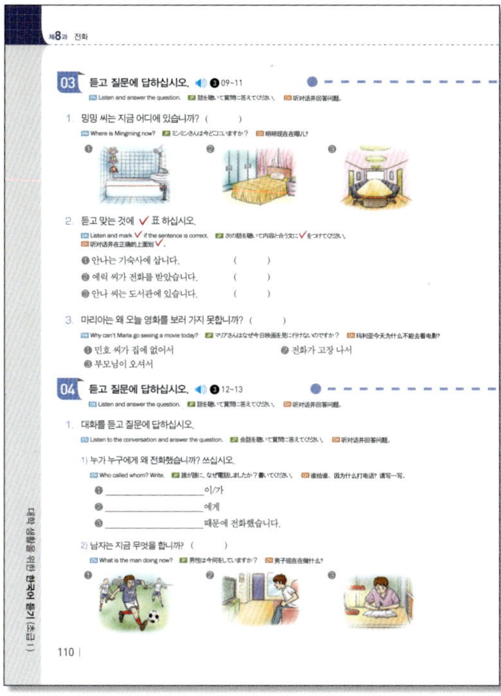

03 듣고 질문에 답하십시오. 3 09~11

EN Listen and answer the question. JP 話を聴いて質問に答えてください。 CN 听对话并回答问题。

1. 밍밍 씨는 지금 어디에 있습니까? (　　)

EN Where is Mingming now? JP ミンミンさんは今どこにいますか？ CN 明明现在在哪儿?

① ② ③

2. 듣고 맞는 것에 ✓ 표 하십시오.

EN Listen and mark ✓ if the sentence is correct. JP 次の話を聴いて内容と合う文に✓をつけてください。 CN 听对话并在正确的上面划✓。

① 안나는 기숙사에 삽니다. (　　)
② 에릭 씨가 전화를 받았습니다. (　　)
③ 안나 씨는 도서관에 있습니다. (　　)

3. 마리아는 왜 오늘 영화를 보러 가지 못합니까? (　　)

EN Why can't Maria go seeing a movie today? JP マリアさんはなぜ今日映画を見に行けないのですか？ CN 玛利亚今天为什么不能去看电影?

① 민호 씨가 집에 없어서 ② 전화가 고장 나서
③ 부모님이 오셔서

04 듣고 질문에 답하십시오. 3 12~13

EN Listen and answer the question. JP 話を聴いて質問に答えてください。 CN 听对话并回答问题。

1. 대화를 듣고 질문에 답하십시오.

EN Listen to the conversation and answer the question. JP 会話を聴いて質問に答えてください。 CN 听对话并回答问题。

1) 누가 누구에게 왜 전화했습니까? 쓰십시오.

EN Who called whom? Write. JP 誰が誰に、なぜ電話しましたか？書いてください。 CN 谁给谁、因为什么打电话? 请写一写。

① ________________ 이/가
② ________________ 에게
③ ________________ 때문에 전화했습니다.

2) 남자는 지금 무엇을 합니까? (　　)

EN What is the man doing now? JP 男性は今何をしていますか？ CN 男子现在在做什么?

① ② ③

대학 생활을 위한 한국어 듣기 (초급 I)

在【听一听】部分的第[3]阶段，提供多种活动，让学生听对话找出相关信息。

在【听一听】部分的第[4]阶段，提供相关的活动，让学习者听一听与自身情况相符，或者与主题相关的多种多样的对话，并完成作业。

在【整理一下】部分中，通过对听力练习进行评价，或者与此类似经历的比较及联系，对听力活动进行整理及收尾。

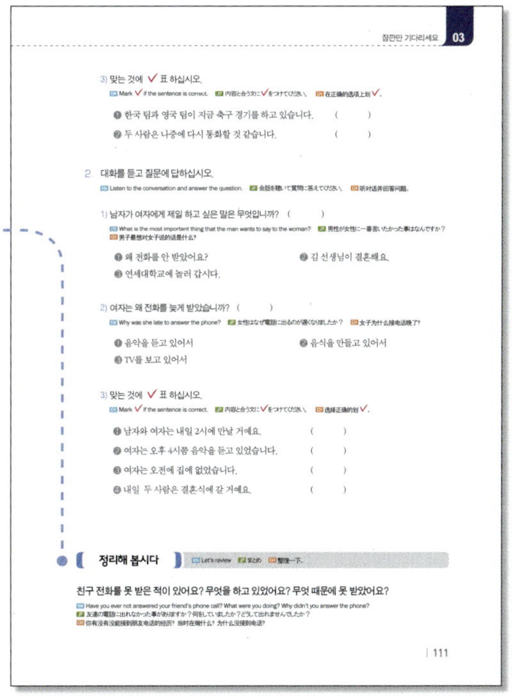

3) 맞는 것에 ✓ 표 하십시오.

EN Mark ✓ if the sentence is correct. JP 内容と合う文に✓をつけてください。 CN 在正确的选项上划✓。

① 한국 팀과 영국 팀이 지금 축구 경기를 하고 있습니다. (　　)
② 두 사람은 나중에 다시 통화할 것 같습니다. (　　)

2. 대화를 듣고 질문에 답하십시오.

EN Listen to the conversation and answer the question. JP 会話を聴いて質問に答えてください。 CN 听对话并回答问题。

1) 남자가 여자에게 제일 하고 싶은 말은 무엇입니까? (　　)

EN What is the most important thing that the man wants to say to the woman? JP 男性が女性に一番言いたかった事はなんですか？ CN 男子最想对女子说的话是什么?

① 왜 전화를 안 받았어요? ② 김 선생님이 결혼해요.
③ 연세대학교에 놀러 갑시다.

2) 여자는 왜 전화를 늦게 받았습니까? (　　)

EN Why was she late to answer the phone? JP 女性はなぜ電話に出るのが遅くなりましたか？ CN 女子为什么接电话晚了?

① 음악을 듣고 있어서 ② 음식을 만들고 있어서
③ TV를 보고 있어서

3) 맞는 것에 ✓ 표 하십시오.

EN Mark ✓ if the sentence is correct. JP 内容と合う文に✓をつけてください。 CN 选择正确的划✓。

① 남자와 여자는 내일 2시에 만날 거예요. (　　)
② 여자는 오후 4시쯤 음악을 듣고 있었습니다. (　　)
③ 여자는 오전에 집에 없었습니다. (　　)
④ 내일 두 사람은 결혼식에 갈 거예요. (　　)

【 정리해 봅시다 】 EN Let's review JP まとめ CN 整理一下。

친구 전화를 못 받은 적이 있어요? 무엇을 하고 있었어요? 무엇 때문에 못 받았어요?

EN Have you ever not answered your friend's phone call? What were you doing? Why didn't you answer the phone?
JP 友達の電話に出れなかった事がありますか？何をしていましたか？どうして出れませんでしたか？
CN 你有没有没能接到朋友电话的经历? 当时在做什么? 为什么没接到电话?

차례

제6과 학교 생활

제7과 교통

제8과 전화

제9과 날씨와 계절

제10과 음식

부록

내용 구성

과	주제	제목	학습 목표	과제
1	인사와 소개	저는 학생입니다	자기소개를 듣고 이해할 수 있다.	인사 듣기 이름과 국적 듣기 직업 듣기
		제 책이 아닙니다	물건에 대한 이야기를 듣고 이해할 수 있다.	친구 물건 이야기 듣기 친구 이야기 듣기
		꽃이 예쁩니다	장소에 대한 이야기를 듣고 이해할 수 있다.	장소 설명 듣기 친구 방 이야기 듣기
2	학교	칠판 옆에 지도가 있습니다	교실 물건과 학교 시설물의 유무와 위치에 대한 이야기를 듣고 이해할 수 있다.	물건의 위치 설명 듣기 장소의 위치 설명 듣기
		도서관이 넓고 좋습니다	학교 시설물과 학교 생활에 대한 이야기를 듣고 이해할 수 있다	장소의 상태 설명 듣기 장소에서 하는 일 듣기
		백화점에 가십시오	학교 근처 시설에 대한 이야기를 듣고 이해할 수 있다.	하고 싶어하는 일 듣기 제안하는 이야기 듣기
3	친구와 가족	트랑 씨는 베트남에서 왔습니다	친구에 대한 이야기를 듣고 이해할 수 있다.	친구에 대한 정보 (국적, 전공, 외모) 듣기
		부모님이 한국에 계십니까?	부모에 대한 이야기를 듣고 이해할 수 있다.	가족 사진 설명 듣기 부모의 하는 일 듣기
		동생한테 가끔 이메일을 보냅니다	형제에 대한 이야기를 듣고 이해할 수 있다.	형제에 대한 정보 듣기 가족과 함께 하는 활동 듣기
4	일상생활	2시에 점심을 먹습니다	하루 일과 이야기를 듣고 이해할 수 있다.	정확한 시간 듣기 하루 생활 듣기
		토요일에 영화를 봤습니다	지난 이야기를 듣고 이해할 수 있다.	날짜와 요일 듣기 요일별 활동 듣기
		주말에 놀이공원에 갈까요?	주말 계획을 듣고 이해할 수 있다.	주말 활동 듣기 제안하는 이야기 듣기
5	학교 시설	사전을 사러 가요	학교 시설물에 대한 이야기를 듣고 이해할 수 있다.	학교 시설물 설명 듣기 시설물 이용 이야기 듣기
		학생식당 메뉴가 뭐예요?	식당에 대한 이야기를 듣고 이해할 수 있다.	식당 이야기 듣기 음식 이야기 듣기
		강의실이 몇 층에 있어요?	강의실 위치에 대한 이야기를 듣고 이해할 수 있다.	건물 위치 듣기 강의실 내 활동 듣기

과	주제	제목	학습 목표	과제
6	학교 생활	날마다 수업이 있지요?	수업에 대한 이야기를 듣고 이해할 수 있다.	수업 관련 내용 듣기 숙제에 대한 설명 듣기
		방학에 같이 여행 가지 못해요	방학 생활에 대한 이야기를 듣고 이해할 수 있다.	방학 계획 듣기 여행 이야기 듣기
		기숙사 생활이 재미있어요?	기숙사 생활에 대한 이야기를 듣고 이해할 수 있다.	기숙사 편의 시설에 대한 이야기 듣기 기숙사 행사 광고 듣기
7	교통	터미널이 어디에 있어요?	길 안내를 듣고 이해할 수 있다.	목적지에 가는 방법 듣기 목적지 위치 듣기
		지하철이 빨라요	교통 수단에 대한 이야기를 듣고 이해할 수 있다.	교통 수단 설명 듣기 교통 수단 이용 방법 듣기
		예술회관 앞에 내리면 돼요	약속 장소에 대한 이야기를 듣고 이해할 수 있다.	목적지 설명 듣기 약속 장소와 시간 듣기
8	전화	전화번호 좀 가르쳐 주세요	전화번호를 정확히 들을 수 있다.	전화번호 듣기 전화 서비스 듣기
		휴대 전화로 영화를 볼 수 있어요	전화 용건을 듣고 이해할 수 있다.	전화 약속 듣기 휴대 전화 기능 듣기
		잠깐만 기다리세요	전화를 받을 수 없는 상황을 듣고 이해할 수 있다.	음성 메시지 듣기 전화를 받지 못하는 이유 듣기
9	날씨와 계절	비가 그치면 갑시다	날씨에 대한 이야기를 듣고 이해할 수 있다.	날씨 듣기 날씨를 비교하는 이야기 듣기
		어느 계절을 좋아하세요?	계절에 대한 이야기를 듣고 이해할 수 있다.	계절의 특성 듣기 계절을 비교하는 이야기 듣기
		스키를 타러 갈까요?	계절 활동에 대한 이야기를 듣고 이해할 수 있다.	계절 활동 이야기 듣기
10	음식	어떤 음식이에요?	음식에 대한 이야기를 듣고 이해할 수 있다.	음식 소개 듣기 음식 만드는 방법 듣기
		아직 먹은 적이 없어요	음식을 비교하는 이야기를 듣고 이해할 수 있다.	음식 비교에 대한 이야기 듣기 음식 문화에 대한 이야기 듣기
		선생님이 오시면 먹읍시다	식사 예절에 대한 이야기를 듣고 이해할 수 있다.	음식을 먹는 방법 듣기 식사 예절 듣기

Organization of contents

Chapter	Theme	Title	Objective	Task
1	Greeting and Introducing Oneself	I am a student	To be able to listen and understand someone introducing him/herself.	Listen to the greetings Listen to the names and nationality Listen to the occupation
		This is not my book	To be able to listen and understand a description of an object.	Listen to a description of friend's belonging Listen to friend's story
		Flowers are pretty	To be able to listen and understand a description of a place.	Listen to a description of a place Listen to friend's description of his/her room
2	Campus	There is a map next to the blackboard	To be able to listen and understand about the objects in the classroom and the existence of school facilities and their locations.	Listen to the location of an object Listen to the location of a place
		The library is nice and big	To be able to listen and understand a description about school facilities and campus life.	Listen to the conditions of a place Listen to the activities that you can do at the location
		Go to department store	To be able to listen and understand a description of a facility that is nearby a campus	Listen to what one wants to do Listen to suggestions
3	Friends and Family	Mr. Tran is from Vietnam	To be able to listen and understand a description about a friend.	Listen to information about a friend (nationality, major, appearance)
		Are your parents in Korea?	To be able to listen and understand about parents.	Listen to a description about a family's picture Listen to what his/her parents do for a living
		I e-mail my younger (brother/sister) once in a while	To be able to listen and understand a description about siblings.	Listen to information about one's sibling Listen to a description of the activities that you can do as a family
4	Daily Life	I eat lunch at 2 o'clock	To be able to listen and understand a description of one's daily routine.	Listen to the exact time Listen to one's daily routine
		I saw a movie on Saturday	To be able to listen and understand about past events.	Listen to dates and days Listen to the different activities on each day
		Shall we go to the amusement park during the weekend?	To be able to listen and understand about weekend plans.	Listen to the weekend activities Listen to the suggestions
5	School Facility	I'm going to go buy a dictionary	To be able to listen and understand a description about school facilities.	Listen to a description of school facility Listen to how you can utilize facilities
		What is the menu of the students' cafeteria?	To be able to listen and understand a description about a restaurant.	Listen to a description of restaurant Listen to a description of food
		Which floor is the lecture room on?	To be able to listen and understand a description about the location of a lecture room.	Listen to where the building is located at Listen to class activities

Chapter	Theme	Title	Objective	Task
6	Campus Life	Do you have classes every day?	To be able to listen and understand a description about a class.	Listen to a description about the class Listen to an explanation about assignments
		I cannot go on a trip with you during the vacation.	To be able to listen and understand one's life during vacation.	Listen to one's vacation plans Listen to one's trip
		Is your dormitory life fun?	To be able to listen and understand one's dormitory life.	Listen to a description of dormitory facilities Listen to a commercial on dormitory event
7	Transportation	Where is the terminal?	To be able to listen and understand the directions.	Listen to how to get to the destination Listen to the directions on how to get to the destination
		Subway train is fast	To be able to listen and understand a description about transportation.	Listen to a description of transportation Listen to how you can utilize the transportation
		You should get off in front of the art center	To be able to listen and understand a description about appointment locations	Listen to a description of the destination Listen to the location and time for an appointment
8	Telephone	Can you give me your phone number?	To be able to hear a phone number	Listen to phone numbers Listen to phone services
		You can watch a movie on your cellular phone	To be able to listen and understand the purpose of a call.	Listen to appointment calls Listen to the functions of cellular phones
		Please wait a minute	To be able to listen and understand the reasons for not picking up the phone	Listen to voice messages Listen to why one cannot pick up the phone
9	Weather and Seasons	Let's go after the rain stops	To be able to listen and understand a description about weather.	Listen to a description about weather Listen to a comparative description of different weathers
		Which season do you like?	To be able to listen and understand a description about seasons.	Listen to a description of seasons Listen to a comparative description of different seasons
		Shall we go skiing?	To be able to listen and understand a description about seasonal activities.	Listen to a description of seasonal activities
10	Food	What kind of dish is it?	To be able to listen and understand a description about food.	Listen to the introduction of a dish Listen to how to make certain dish
		I haven't tried the dish yet	To be able to listen and understand comparative descriptions of food.	Listen to a comparative description of different dishes Listen to a description of food culture
		Let's eat after the teacher arrives	To be able to listen and understand a description about table manners.	Listen to a description on how you eat certain food Listen to a description of table manners

内容構成

課	主題	題目	学習目標	機能及び課題
1課	挨拶	私は学生です。	友達の紹介を聞いて理解する事が出来る。	挨拶の聴き取り 名前と国籍の聴き取り 職業の聴き取り
		私の本ではありません。	友達の持ち物についての話を聴いて理解する事が出来る。	友だちの持ち物の話の聴き取り 友だちの話の聴き取り
		花が綺麗です。	場所についての話を聞いて理解する事が出来る。	場所の説明の聴き取り 友だちの部屋の話の聴き取り
2課	学校	黒板の横に地図があります。	教室の物と学校にある施設の有無と位置についての話を聴いて理解する事が出来る。	物の位置についての説明の聴き取り 場所の位置説明の聴き取り
		図書館が広くていいです。	学校の施設と学校生活についての話を聴いて理解する事が出来る。	場所の状態説明の聴き取り 場所でする事についての聴き取り
		デパートに行って下さい。	学校近所の施設についての話を聴いて理解することが出来る。	したい事についての聴き取り 提案する話の聴き取り
3課	友だちと家族	トランさんはベトナムから来ました。.	友達についての話を聴いて理解することが出来る。	友だちについての情報(国籍、専攻、外見)の聴き取り
		両親は韓国に居ますか？	両親についての話を聴いて理解することが出来る。	家族写真の説明の聴き取り 両親の職業についての聴き取り
		弟/妹に時々メールします。	兄弟についての話を聴いて理解することが出来る。	兄弟についての情報の聴き取り 家族と一緒にする事についての聴き取り
4課	日常生活	2時に昼食を食べます。	日課についての話を聴いて理解することが出来る。	正確な時間の聴き取り 一日の生活についての聴き取り
		土曜日に映画を見ました。	過去の話を聴いて理解する事が出来る。	天気と曜日の聴き取り 曜日別の活動についての聴き取り
		週末に遊園地行きましょうか？	週末の予定を聴いて理解することが出来る。	週末の活動についての聴き取り 提案する話の聴き取り
5課	学校施設	辞書を買いにいきます。	学校の施設についての話を聴いて理解することが出来る。	学校施設の説明の聴き取り 施設の利用話の聴き取り
		学生食堂のメニューはなんですか？	食堂についての話を聴いて理解することが出来る。	食堂の話の聴き取り 食べ物の話の聴き取り
		講義室は何階にありますか？	講義室の位置についての話を聴いて理解することが出来る。	建物の位置の聴き取り 講義室内の活動についての聴き取り

課	主題	題目	学習目標	機能及び課題
6課	学校生活	毎日授業があるでしょう?	授業についての話を聴いて理解することが出来る。	授業関連の内容の聴き取り 宿題に関する説明の聴き取り
		長期休みに一緒に旅行に行けません。	長期休みの生活についての話を聴いて理解することが出来る。	長期休みの計画についての聴き取り 旅行の話の聴き取り
		寮生活はおもしろいですか?	寮生活についての話を聴いて理解することが出来る。	寮の施設についての話の聴き取り 寮での行事の広告についての聴き取り
7課	交通	ターミナルはどこにありますか?	道案内を聴いて理解することが出来る。	目的地に行く方法の聴き取り 目的地の位置の聴き取り
		地下鉄が速いです。	交通手段についての話を聴いて理解することが出来る。	交通手段の説明の聴き取り 交通手段の利用方法の聴き取り
		예술회관 앞에 내리면 돼요. 芸術会館駅で降りればいいです。 (예술회관 역에 내리면 돼요)	約束した場所についての話を聴いて理解することが出来る。	目的地の説明の聴き取り 待ち合わせ場所と時間の聴き取り
8課	電話	電話番号を教えてください。	電話番号を正確に聴くことが出来る。	電話番号の聴き取り 電話サービスについての聴き取り
		携帯電話で映画を見ることが出来ます。	電話の用件を聴いて理解することが出来る。	電話約束の聴き取り 携帯電話の機能についての聴き取り
		少し待ってください。	電話を受けれない状況を聴いて理解することが出来る。	音声メッセージの聴き取り 電話を受けれない理由の聴き取り
9課	天気と季節	雨が止んだら行きましょう。	天気についての話を聴いて理解することが出来る。	天気の聴き取り 天気を比較する話の聴き取り
		どの季節が好きですか?	季節についての話を聴いて理解することが出来る。	季節の特性の聴き取り 季節の比較の聴き取り
		スキーをしに行きましょうか?	季節ごとの活動についての話を聴いて理解できる。	季節ごとの活動についての話の聴き取り
10課	음식	どんな食べ物ですか?	食べ物についての話を聴いて理解することが出来る。	食べ物の紹介の聴き取り食べ物の作り方の聴き取り
		まだ食べたことがありません。	食べ物を比較する話を聴いて理解する事ができる。	食べ物の比較についての話の聴き取り 食事文化についての話の聴き取り
		先生が来たら食べましょう。	食事作法についての話を聴いて理解することが出来る。	食事の方法についての聴き取り 食事作法についての聴き取り

内容结构

课别	主题	题目	词汇	学习目标
第一课	打招呼	我是学生。	听自我介绍并能理解。	听打招呼用语 听名字及国籍 听职业
		（这）不是我的书。	听关于物品的对话并能理解。	听朋友物品的对话 听关于朋友的对话
		花很漂亮。	听有关地点的对话并能理解。	听介绍地点的对话 听朋友房间的对话
第二课	学校	黑板旁边有地图。	听有关教室物品、学校设施有无及位置的对话并能理解。	听有关物品位置说明的对话 听有关场所位置说明的对话
		图书馆既宽敞又好。	听有关学校设施及学校生活的对话并能理解。	听说明场所情况的对话 听在某些场所所作的事情的对话
		请您去百货商场。	听有关学校附近设施的对话并能理解。	听关于想做的事情的对话 听有关提建议的对话
第三课	朋友和家人	特朗是从越南来的。	听有关朋友的对话并能理解。	听有关朋友的信息(国际，专业，外貌)
		你的父母在韩国吗?	听有关父母的对话并能理解。	听关于全家福的介绍 听关于父母工作的对话
		我偶尔给弟弟(妹妹)发邮件。	听有关兄弟的对话并能理解。	听兄弟相关信息的对话 听和家人一起参与的活动的对话
第四课	日常生活	我2点吃午饭。	听有关一天的生活的对话并能理解。	听准确时间 听一天的生活
		我星期六看电影了。	听过去的故事并能理解。	听日期和星期 听一周中的活动
		周末我们一起去游乐场好吗?	听周末计划并能理解。	听周末活动 听有关提建议的对话
第五课	学校设施	去买字典。	听有关学校设施的对话并能理解。	听有关学校设施的介绍 听有关使用设施的对话
		学生食堂的菜单是什么?	听有关餐厅的对话并能理解。	听有关餐厅的对话 听有关食物的对话
		教室在几层?	听有关教室位置的对话并能理解。	听建筑的位置 听教室内的活动

课别	主题	题目	词汇	学习目标
第六课	学校生活	每天都有课吧?	听有关上课的对话并能理解。	听有关上课的内容 听有关作业的介绍
		放假时候不能一起去旅游。	听有关假期生活的对话并能理解。	听假期的计划 听旅行计划
		宿舍生活有意思吗?	听有关宿舍生活的对话并能理解。	听有关宿舍便利设施的对话 听宿舍的活动广告
第七课	交通	车站在哪儿?	听道路指南并能理解。	听去目的地的方法 听目的地的位置
		地铁很快。	听有关交通工具的对话并能理解。	听交通工具的介绍 听有关交通工具的使用方法
		在艺术会馆前面下车就行。	听有关约定场所的对话并能理解。	听目的地的介绍 听约定场所和时间
第八课	电话	请告诉我您的电话号码。	能准确听出电话号码。	听电话号码 听电话服务
		用手机可以看电影。	听打电话的意图并能理解。	听用电话定约定的对话 听手机的功能
		请稍等一下。	听有关不能接电话情况的对话并能理解。	听语音留言 听不能接电话的原因
第九课	天气和季节	雨停了咱们就走吧。	听有关天气的对话并能理解。	听天气 听比较天气的对话
		您喜欢哪个季节?	听有关季节的对话并能理解。	听季节的特征 听季节的比较
		咱们去滑雪吧?	听有关季节活动的对话并能理解。	听有关季节活动的对话
第十课	食物	是什么食物?	听有关食物的对话并能理解。	听食物介绍 听制作食物的方法
		我还没吃过。	听比较食物的对话并能理解。	听有关比较食物的对话 听有关饮食文化的对话
		老师来了咱们就吃。	听有关饮食礼节的对话并能理解。	听有关吃食物的方法 听饮食礼节

제 1 과

인사와 소개

01 저는 학생입니다

02 제 책이 아닙니다

03 꽃이 예쁩니다

01 저는 학생입니다

학/습/목/표 자기 소개를 듣고 이해할 수 있다.

EN Objective To be able to listen and understand someone introducing himself/herself.
JP 学修目標 友達の紹介を聞いて理解する事が出来る。
CH 学习目标 听朋友的介绍后能理解。

준비해 봅시다

EN Let's prepare. JP 準備しましょう。 CH 准备一下。

나라 이름을 이야기해 봅시다.

EN Let's say the name of a country. JP 国の名前を言ってみましょう。 CH 请说一说国家的名字。

들어 봅시다

EN Let's listen. JP 聴いてみましょう。 CH 请听一听。

01 듣고 맞는 것을 고르십시오. ❶ 01~06

EN Listen and choose the correct one. JP 単語を聴いてその単語を選んでください。
CH 听单词并选择正确的选项。

MP3 01~06

1. (　　　) ① 아이　② 오이
2. (　　　) ① 거리　② 고리
3. (　　　) ① 구름　② 그림
4. (　　　) ① 여기　② 유기
5. (　　　) ① 부모　② 보모
6. (　　　) ① 가지　② 거지

02 듣고 맞는 대답을 고르십시오. ❶ 07~09

EN Listen and choose the correct answer. JP 次の文を聴いて正しい答えを選んでください。 CH 听并选择正确的答案。

MP3 07~14

1. ( ) ① 네, 안녕하십니까? ② 안녕히 가십시오.
2. ( ) ① 학교입니다. ② 누구입니까?
3. ( ) ① 아니요, 학생입니다. ② 학생입니까?

03 어디입니까? 듣고 맞는 그림을 고르십시오. ❶ 10~13

EN Where is it? Listen and choose the correct picture. JP どこですか。話を聴いて内容と合う絵を選んでください。
CH 这是哪里?听对话并选择正确的图片。

1. ( ) 2. ( ) 3. ( ) 4. ( )

①

②

③

④

⑤

⑥

04 듣고 대화를 완성하십시오. ❶ 14

EN Listen and complete the conversation. JP 次の対話を聴いて完成してください。 CH 听对话并填空。

보기

미선 : ______________________________? 저는 김미선입니다.

웨이 : 네, 처음 뵙겠습니다. 저는 웨이입니다.

미선 : 학생입니까?

웨이 : 아니요, ______________________________.

미선 : 중국 사람입니까?

웨이 : ______________________________.

05 듣고 질문에 답하십시오. 1 15~17

EN Listen to the story and answer the question. JP 話を聴いて質問に答えてください。 CH 听并回答问题。

MP3 15~17

1. 누구입니까? 듣고 맞는 그림에 모두 ✓표 하십시오.

EN Who is it? Mark all the correct pictures. JP 誰ですか。内容と合う絵を選んでください。
CH 是谁呢? 请在所有正确的图片上划 ✓ 。

① (   )

② (   )

③ (   )

④ (   )

2. 누구입니까? 맞는 그림을 고르십시오. (   )

EN Who is it? Choose the correct picture. JP 誰ですか。内容と合う絵を選んでください。 CH 是谁呢? 请找出正确的图片。

①

②

③

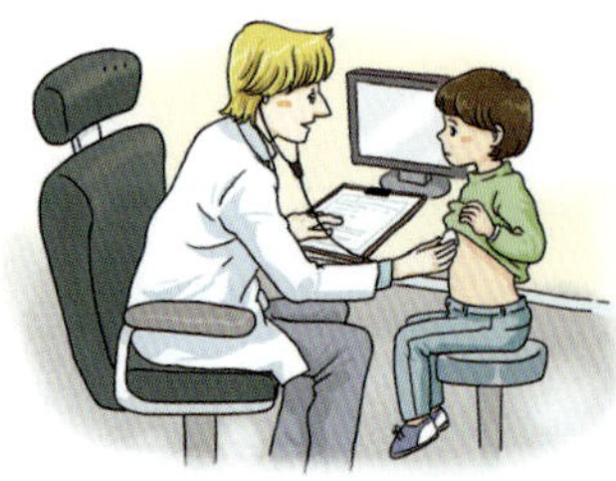

④

3. 대화를 듣고 질문에 답하십시오.

EN Listen and answer the question. JP 次の話を聴いて質問に答えてください。 CH 听对话并回答问题。

1) 어디입니까? (   )

EN Where is it? JP どこですか？ CH 这是哪儿?

①

②

2) 남자는 누구입니까? (   )

EN Which one is the man? JP 男性は誰ですか？ CH 男的是谁?

①

②

3) 여자는 누구입니까? (   )

EN Which one is the woman? JP 女性は誰ですか？ CH 女的是谁?

①

②

정리해 봅시다

EN Let's review JP まとめ CH 整理一下。

친구들과 인사해 봅시다.

EN Let's say hello to friends. JP 友達同士で挨拶してみましょう。 CH 请跟朋友们打招呼。

02 제 책이 아닙니다

학/습/목/표 물건에 대한 이야기를 듣고 이해할 수 있다.

EN Objective To be able to listen and understand a description of an object.
JP 学修目標 友達の持ち物についての話を聴いて理解する事が出来る。
CH 学习目标 听有关朋友物品的对话后能理解。

준비해 봅시다

EN Let's prepare. JP 準備しましょう。 CH 准备一下。

친구가 있습니까? 친구의 물건은 무엇입니까?

EN Do you have friends? What do they have? JP 友達がいますか？友達の持ち物はなんですか？ CH 你有朋友吗?朋友的物品是什么?

들어 봅시다

EN Let's listen. JP 聴いてみましょう。 CH 请听一听。

01 듣고 맞는 것을 고르십시오. ❷ 01~06

EN Listen and choose the correct one. JP 単語を聴いてその単語を選んでください。 CH 听单词并选择正确的选项。

MP3 01~06

1. (　　　) ❶ 달 ❷ 딸
2. (　　　) ❶ 간 ❷ 칸
3. (　　　) ❶ 살 ❷ 잘
4. (　　　) ❶ 잡니다 ❷ 찹니다
5. (　　　) ❶ 모기 ❷ 보기
6. (　　　) ❶ 형 ❷ 성

02 듣고 맞는 대답을 고르십시오. ❷ 07~10

EN Listen and choose the correct answer. JP 次の文を聴いて正しい答えを選んでください。 CH 听并选择正确的回答。

MP3 07~15

1. (   )

❶ 교과서입니다.
❷ 교과서가 아닙니다.

2. (   )

❶ 네, 제 책이 아닙니다.
❷ 네, 제 책입니다.

3. (   )

❶ 제 친구입니다
❷ 미선 씨가 아닙니다.

4. (   )

❶ 리에 씨 친구입니다.
❷ 리에 씨가 아닙니다.

03 듣고 맞는 것을 고르십시오. ❷ 11~15

EN Listen and choose the correct one. JP 話を聴いて質問に答えてください。 CH 听单词并选择正确的选项。

1. 누구입니까? (   )

EN Who is it? JP 誰ですか？ CH 是谁呢?

❶ 일본 사람 ❷ 중국 사람

2. 누구입니까? (   )

EN Who is it? JP 誰ですか？ CH 是谁呢?

❶ 회사원 ❷ 기자

3. 무엇입니까? (   )

EN What is it? JP 何ですか。 CH 是什么呢?

❶ 책 ❷ 가방

4. 무엇입니까? (   )

EN What is it? JP 何ですか。 CH 是什么呢?

❶ 영수 씨 가방 ❷ 친구 가방

5. 무엇입니까? (   )

EN What is it? JP 何ですか。 CH 是什么呢?

❶ 남자 전자사전 ❷ 미선 씨 휴대 전화

04 듣고 대화를 완성하십시오. 2 16

EN Listen and complete the conversation. JP 次の対話を聴いて完成してください。 CH 听对话并填空。

MP3 16~19

보기

웨이 : 이것은 ________________________________?

미선 : 시계입니다.

웨이 : 미선 씨 ________________________________?

미선 : 아니요, ________________________________.

05 듣고 질문에 답하십시오. 2 17~19

EN Listen and answer the question. JP 話を聴いて質問に答えてください。 CH 听并回答问题。

1. 누구입니까? (   )

EN Who is it? JP 誰ですか？ CH 是谁呢?

① 웨이, 중국 사람 ② 웨이, 한국 사람

2. 대화를 듣고 질문에 답하십시오.

EN Listen to the conversation and answer the question. JP 次の対話を聴いて質問に答えてください。 CH 听对话回答问题。

1) 맞는 그림을 고르십시오. (   )

EN Choose the correct picture. JP 内容と合う絵を選んでください。 CH 请选择正确的图片。

①

②

2) 미선 씨 친구는 한국 사람입니까? (   )

EN Is Misun's friend Korean? JP ミソンさんの友達は韓国人ですか。 CH 美善的朋友是韩国人吗?

① 네 ② 아니요

3. 대화를 듣고 질문에 답하십시오.

EN Listen to the conversation and answer the question. JP 次の対話を聴いて質問に答えてください。 CH 听对话回答问题。

1) 어디입니까? (   )

EN Where is it? JP どこですか？ CH 在哪儿?

❶ ❷ ❸

2) 누구 연필입니까? (   )

EN Whose pencil is it? JP 誰の鉛筆ですか？ CH 是谁的铅笔?

❶ 제이슨 ❷ 미선 ❸ 영수

정리해 봅시다

EN Let's review JP まとめ CH 整理一下。

친구 책상에 무엇이 있습니까? 친구 물건입니까? 이야기해 보십시오.

EN What is on your friend's desk? Is it your friend's? Talk about it. JP 友達の机には何がありますか？友達の持ち物ですか？話してみましょう。
CH 朋友的书桌上有什么?是朋友的东西吗?请说一说。

03 꽃이 예쁩니다

학/습/목/표 장소에 대한 이야기를 듣고 이해할 수 있다.

EN Objective To be able to listen and understand a description of a place.
JP 学修目標 場所についての話を聞いて理解する事が出来る。
CH 学习目标 听有关地点的对话后能理解。

준비해 봅시다

EN Let's prepare. JP 準備しましょう。 CH 准备一下。

무엇이 있습니까? 어떻습니까?

EN What do you see? What does it look like? JP 何がありますか？どうですか？ CH 有什么呢?怎么样?

들어 봅시다

EN Let's listen. JP 聴いてみましょう。 CH 请听一听。

01 듣고 맞는 것을 고르십시오. 3 01~06

EN Listen and choose the correct one. JP 単語を聴いてその単語を選んでください。
CH 听单词并选择正确的选项。

MP3 01~06

1. ( ) ① 강 ② 간
2. ( ) ① 각자 ② 가자
3. ( ) ① 학교 ② 항구
4. ( ) ① 바다 ② 파도
5. ( ) ① 상추 ② 상주
6. ( ) ① 신촌 ② 신천

02 듣고 맞는 대답을 고르십시오. ❸ 07~11

EN Listen and choose the correct answer. JP 次の文を聴いて正しい答えを選んでください。 CH 听并选择正确的答案。

MP3 07~15

1. (　　　)

① 큽니다. ② 많습니다. ③ 없습니다.

2. (　　　)

① 선생님이 가르칩니다. ② 선생님이 있습니다. ③ 학생이 배웁니다.

3. (　　　)

① 이름은 미선입니다. ② 제임스 씨가 옵니다. ③ 미선 씨가 있습니다.

4. (　　　)

① 예쁩니다. ② 없습니다. ③ 많습니다.

5. (　　　)

① 네. 있습니다. ② 학생이 있습니다. ③ 지갑이 있습니다.

03 어디입니까? 듣고 맞는 그림을 고르십시오. ❸ 12~15

EN Where is it? Choose the correct picture. JP どこですか。話を聴いて内容と合う絵を選んでください。
CH 这是哪里?听对话并选择正确的图片。

1. (　　　) 2. (　　　) 3. (　　　) 4. (　　　)

①

②

③

④

04 듣고 대화를 완성하십시오. 🔊 ③ 16

EN Listen and complete the conversation. JP 次の対話を聴いて完成してください。 CH 听对话并填空。

MP3 16~19

보기

웨이 : ______________________ 이/가 있습니까?

미선 : ______________________ 이/가 있습니다.

웨이 : 무엇을 합니까?

미선 : ______________________.

05 듣고 질문에 답하십시오. 🔊 ③ 17~19

EN Listen and answer the question. JP 話を聴いて質問に答えてください。 CH 听并回答问题。

1. 어디입니까? (   )

EN Where is it? JP どこですか。 CH 这是哪里?

①

②

③

2. 어디입니까? (   )

EN Where is it? JP どこですか。 CH 这是哪里?

①

②

③

3. 두 개의 대화를 듣고 질문에 답하십시오.

EN Listen to the two conversations and answer the question. JP 2つの話を聴いて質問に答えてください。 CH 听两段对话并回答问题。

1) 맞는 것에 ✓표 하십시오.

EN Mark ✓ next to the correct sentence. JP 内容と合う文に✓をつけてください。 CH 在正确的选项上划✓。

미선 씨 방	리에 씨 방
책상이 있습니다. (　　) 책상이 없습니다. (　　)	책상이 있습니다. (　　) 책상이 없습니다. (　　)
책상이 큽니다. (　　) 책상이 작습니다. (　　)	책상이 큽니다. (　　) 책상이 작습니다. (　　)
침대가 있습니다. (　　) 침대가 없습니다. (　　)	침대가 있습니다. (　　) 침대가 없습니다. (　　)

2) 여러분은 어느 방이 좋습니까? (　　　)

EN Which room do you like better? JP 皆さんはどの部屋がいいですか？ CH 大家喜欢哪个房间?

① 미선 씨 방　　② 리에 씨 방

3) 왜 그 방이 좋습니까? 이야기해 보십시오.

EN Why do you like the room? Talk about it. JP なぜその部屋がいいと思いますか？話してみましょう。 CH 为什么喜欢那个房间? 请说一说。

정리해 봅시다

EN Let's review JP まとめ CH 整理一下。

여러분 방은 어떻습니까? 무엇이 있습니까?

EN How is your room? What is in your room? JP 皆さんの部屋はどうですか？何がありますか？ CH 大家的房间怎么样呢? 房间里有些什么?

제2과

학교

01 칠판 옆에 지도가 있습니다
02 도서관이 넓고 좋습니다
03 백화점에 가십시오

01 칠판 옆에 지도가 있습니다

학/습/목/표 교실 물건과 학교 시설물의 유무와 위치에 대한 이야기를 듣고 이해할 수 있다.

EN Objective To be able to listen and understand about objects in the classroom and school facilities, and their locations.

JP 学修目標 教室の物と学校にある施設の有無と位置についての話を聴いて理解する事が出来る。

CH 学习目标 听有关教室物品和学校设施的有无及其位置的对话后能理解。

준비해 봅시다

EN Let's prepare. JP 準備しましょう。 CH 准备一下。

교실에 무엇이 있습니까? 어디에 있습니까?

EN What is in the classroom. Where is it? JP 教室に何がありますか？どこにありますか？ CH 教室里有什么?在哪儿?

들어 봅시다

EN Let's listen. JP 聴いてみましょう。 CH 请听一听。

01 듣고 문장을 완성하십시오. 1 01~04

EN Listen and complete the sentence. JP 次の文を聴いて完成してください。 CH 听文章并填空。

MP3 01~04

1. 교실에 ____________________ 이/가 있습니까?

2. ____________________ 은/는 교실에 없습니다.

3. 학교에 ____________________ 도 있습니다.

4. 체육관은 ____________________ 뒤에 있습니다.

02 듣고 맞는 대답을 고르십시오. ❶ 05~08

EN Listen and choose the correct answer. JP 次の文を聴いて正しい答えを選んでください。 CH 听并选择正确的答案。

MP3 05~14

1. ( )

① 책상입니다. ② 지도가 있습니다.

2. ( )

① 그림이 있습니다. ② 학생이 있습니다.

3. ( )

① 아니요, 우체국은 없습니다. ② 네, 학생회관도 있습니다.

4. ( )

① 서점에 책이 있습니다. ② 서점이 식당 옆에 있습니다.

03 듣고 맞는 것을 고르십시오. ❶ 09~11

EN Listen and choose the correct picture. JP 次の話を聴いて内容と合う絵を選んでください。 CH 听对话并选择正确的选项。

1. ( )

①

②

③

2. (   )

①

②

③

3. (   )

①

②

③

04 듣고 대화를 완성하십시오. ❶ 12

EN Listen and complete the conversation. JP 次の対話を聴いて完成してください。 CH 听对话并填空。

보기

마리아 : 학교에 ______________________ 이/가 있습니까?

웨 이 : 네, ______________________.

마리아 : 어디에 있습니까?

웨 이 : 문구점 ______________________.

마리아 : 학교에 편의점도 있습니까?

웨 이 : ______________________.

05 듣고 질문에 답하십시오. ❶ 13~14

EN Listen and answer the question. JP 次の話を聴いて質問に答えてください。 CH 听并回答问题。

1. 대화를 듣고 교실에 있는 물건에 ✓ 표 하십시오.

EN Listen to the conversation and mark ✓ by the item of the classroom. JP 次の話を聴いて教室にあるものに✓をつけてください。
CH 听对话并在教室里有的物品上划✓。

① (　　　) ② (　　　) ③ (　　　)

2. 이야기를 듣고 번호가 있는 곳의 이름을 쓰십시오.

EN Listen to the story and write names next to the numbers. JP 話を聴いて番号に名前を書いてください。
CH 听短文并写出有号码的地方的名字。

① (　　　　　) ② (　　　　　) ③ (　　　　　)

정리해 봅시다

EN Let's review JP まとめ CH 整理一下。

학교에 있는 시설에 ✓ 표 하고 어디에 있는지 이야기해 봅시다.

EN Let's mark ✓ if there are following facilities in your school, and say where they are.
JP 皆さんの学校にある施設に✓をつけて、どこにあるのか話してみましょう。 CH 在你们学校有的设施上划✓，并说一说它在什么地方。

☐ 도서관　☐ 컴퓨터실　☐ 기숙사　☐ 우체국　☐ 꽃집

02 도서관이 넓고 좋습니다

학/습/목/표 학교 시설물과 학교생활에 대한 이야기를 듣고 이해할 수 있다.

EN Objective To be able to listen and understand a description about school facilities and campus life.
JP 学修目標 学校の施設と学校生活についての話を聴いて理解する事が出来る。
CH 学习目标 听有关学校设施及学校生活的对话,并能理解。

준비해 봅시다

EN Let's prepare. JP 準備しましょう。 CH 准备一下。

학교에서 무엇을 합니까? 학교가 어떻습니까?

EN What do you do at school? How is your school? JP 学校で何をしますか？学校はどうですか？ CH 你在学校做什么?学校怎么样?

들어 봅시다

EN Let's listen. JP 聴いてみましょう。 CH 请听一听。

01 듣고 문장을 완성하십시오. ❷ 01~04

EN Listen and complete the sentence. JP 次の文を聴いて完成してください。 CH 听文章并填空。

MP3 01~04

1. 방이 ____________________.

2. 기숙사가 크고 ____________________.

3. 학생들이 ____________________.

4. 체육관에서 ____________________ 을/를 합니다.

02 듣고 맞는 대답을 고르십시오. ❷ 05~08

EN Listen and choose the correct answer. JP 次の文を聴いて正しい答えを選んでください。 CH 听并选择正确的答案。

MP3 05~12

1. (　　　)

① 책을 읽습니다.　　② 넓습니다.

2. (　　　)

① 아니요, 조금 춥습니다.　　② 조금 큽니다.

3. (　　　)

① 친구를 기다립니다.　　② 친구가 기다립니다.

4. (　　　)

① 책도 읽고 음악도 듣습니다.　　② 조용하고 따뜻합니다.

03 어디입니까? 듣고 맞는 것을 고르십시오. ❷ 09~12

EN Listen and choose the correct picture. JP どこですか。話を聴いて内容と合う絵を選んでください。
CH 这是哪儿？听对话并选择正确的选项。

1. (　　　)　2. (　　　)　3. (　　　)　4. (　　　)

①

②

③

④

04 듣고 대화를 완성하십시오. 2 13

EN Listen and complete the conversation. JP 次の対話を聴いて完成してください。 CH 听对话并填空。

MP3 13~15

보기

마이클 : 지금 도서관에서 ____________________ 을/를 합니까?

밍 밍 : 아니요, 기숙사에서 책을 읽습니다.

마이클 : 기숙사가 어디에 있습니까?

밍 밍 : ______________________________ 뒤에 있습니다.

마이클 : 기숙사가 ______________________________?

밍 밍 : ______________________________________.

05 듣고 질문에 답하십시오. 2 14~15

EN Listen and answer the question. JP 話を聴いて質問に答えてください。 CH 听并回答问题。

1. 이야기를 듣고 질문에 답하십시오.

EN Listen and answer the question. JP 話を聴いて質問に答えてください。 CH 听短文并回答问题。

1) 학생회관에 무엇이 있습니까? 듣고 맞는 것을 고르십시오. (   )

EN What is in the student union? Listen and choose the correct picture. JP 学生会館に何がありますか？答えを選んでください。 CH 学生会馆里有什么?听并选择正确的选项。

①

②

③

④

2) 학생회관에서 무엇을 합니까? ✓ 표 하십시오.

EN What does the man do at the student union? Mark ✓. JP 学生会館で何をしますか？✓をつけてください。
CH 在学生会馆里做什么? 请划✓。

❶ 텔레비전을 봅니다. ( )
❷ 식사를 합니다. ( )
❸ 돈을 찾습니다. ( )
❹ 공책을 삽니다. ( )

2. 대화를 듣고 질문에 답하십시오.

EN Listen and answer the question. JP 次の対話を聴いて質問に答えてください。 CH 听对话并回答问题。

1) 학생식당은 어떻습니까? 듣고 쓰십시오.

EN How is the cafeteria? Listen and write. JP 学生食堂はどうですか。書いてください。 CH 学生食堂怎么样? 听对话并写一写。

________________고________________

2) 맞는 것에 ✓표 하십시오.

EN Mark ✓ if the sentence is correct. JP 内容と合っているものに✓をつけてください。 CH 听对话在正确的上面划✓。

❶ 남자는 날마다 학생식당에서 점심을 먹습니다. ( )
❷ 학생식당 음식은 맛있습니다. ( )
❸ 학생식당 음식은 조금 비쌉니다. ( )

3) 여러분은 이 식당이 좋습니까? 왜 좋습니까? / 왜 싫습니까?

EN Do you like this cafeteria? Why?/Why not? JP 皆さんはこの食堂が好きですか？なぜ好きですか？／なぜ嫌いですか？
CH 大家喜欢这个食堂吗? 为什么喜欢? /为什么不喜欢?

정리해 봅시다

EN Let's review JP まとめ CH 整理一下。

여러분 학교의 학생회관과 학생식당에 대해서 이야기해 봅시다.

EN Let's talk about the student union and cafeteria of your school. JP 皆さんの学校の学生会館と学生食堂について話してみましょう。
CH 说一说你们学校的学生会馆和学生食堂。

03 백화점에 가십시오

학/습/목/표 학교 근처 시설에 대한 이야기를 듣고 이해할 수 있다.

EN Objective To be able to listen and understand a description of a facility that is nearby campus.
JP 学修目標 学校近所の施設についての話を聴いて理解することが出来る。
CH 学习目标 听有关学校附近设施的对话并能理解。

준비해 봅시다

EN Let's prepare. JP 準備しましょう。 CH 准备一下。

학교 근처에 무엇이 있습니까? 거기에서 무엇을 하고 싶습니까?

EN What is near the school? What would you like to do there? JP 学校の近所に何がありますか？そこで何をしたいですか？
CH 学校附近有什么?你想在那儿做什么?

들어 봅시다

EN Let's listen. JP 聴いてみましょう。 CH 请听一听。

01 듣고 문장을 완성하십시오. ❸ 01~04

EN Listen and complete the sentence. JP 次の文を聴いて完成してください。 CH 听文章并填空。

MP3 01~04

1. ______________________ 을/를 보고 싶습니다.

2. ______________________ 에 가십시오.

3. 오늘은 조금 ______________________.

4. ______________________ 이/가 시장 안에 있습니다.

02 듣고 맞는 대답을 고르십시오. ③ 05~08

EN Listen and choose the correct answer. JP 次の文を聴いて正しい答えを選んでください。
CH 听并选择正确的答案。

MP3 05~12

1. (   )

① 노래방에 갑니다. ② 극장에 가고 싶습니다.

2. (   )

① 네, 여기는 학교입니다. ② 아니요, 집에 갑니다.

3. (   )

① 좀 쉬십시오. ② 약국에 가고 싶습니다.

4. (   )

① 도서관에 있습니다. ② 병원에 가고 싶습니다.

03 어디에 갈까요? 듣고 관계있는 것을 고르십시오. ③ 09~12

EN Where will they go? Listen and choose the related picture. JP どこに行きますか。次の話を聴いて内容と合う絵を選んでください。
CH 我们去哪儿呢？听对话选择相关的选项。

1. (   ) 2. (   ) 3. (   ) 4. (   )

①

②

③

④

04 듣고 대화를 완성하십시오. 🔊 ❸ 13

EN Listen and complete the conversation. JP 次の対話を聴いて完成してください。 CH 听对话并填空。

MP3 13~16

보기

정 희 : 무엇을 하고 싶습니까?

스즈키 : 옷을 ______________________.

정 희 : 그럼 연세 백화점에 ______________________.

스즈키 : 연세 백화점은 어디에 있습니까?

정 희 : 학교 ______________________.

스즈키 : 백화점이 큽니까?

정 희 : ______________________.

05 듣고 질문에 답하십시오. 🔊 ❸ 14~16

EN Listen and answer the question. JP 話を聴いて質問に答えてください。 CH 听并回答问题。

1. 이야기를 듣고 질문에 답하십시오.

EN Listen to the story and answer the question. JP 話を聴いて質問に答えてください。 CH 听短文并回答问题。

1) 웨이는 어디에서 한국말을 배웁니까? (   )

EN Where is Wei learning Korean? JP ウェイはどこで韓国語を習いますか？ CH 伟在哪里学习韩国语?

① 인천 ② 서울

2) 웨이 씨 학교 근처에 무엇이 있습니까? 모두 고르십시오. (   )

EN What are there nearby Wei's school? Choose all. JP ウェイさんの学校の近所に何がありますか？すべて選んでください。
CH 伟学校附近有什么？请全部选出来。

①

②

③

2. 대화를 듣고 맞는 것을 고르십시오.

EN Listen to the conversation and choose the correct picture. JP 次の対話を聴いて質問に答えてください。 CH 听对话并选择正确的选项。

① 

② 

③ 

④ 

1) 여자는 어디에 갈까요? (　　　　)

EN Where wil the woman go? JP 女性はどこに行きますか？ CH 女人要去哪儿?

2) 남자 집 근처에 무엇이 없습니까? (　　　　)

EN What is not near the man's house? JP 男性の家の近所に何がありませんか？ CH 男人家附近没有什么?

3. 이야기를 듣고 질문에 답하십시오.

EN Listen to the story and answer the question. JP 話を聴いて質問に答えてください。 CH 听短文并回答问题。

1) 저는 태국 사람입니다. 어느 노래방이 좋습니까? (　　　　)

EN Which noraebang is good if you were a Thai? JP 私はタイ人です。どちらのカラオケがいいですか？
CH 我是泰国人。哪个练歌房更好呢?

① 행복 노래방　　② 서울 노래방

2) 노래를 부르고 싶습니다. 음료수도 마시고 싶습니다. 어느 노래방에 갑니까? (　　　　)

EN You would like to sing and drink beverages. Which noraebang would you go to?
JP 飲み物を飲みたいです。どちらのカラオケに行きますか？ CH 我想唱歌。我想喝饮料。去哪个练歌房?

① 행복 노래방　　② 서울 노래방

3) 여러분은 어느 노래방에 가고 싶습니까?

EN Which noraebang would you like to go to? JP 皆さんはどちらのカラオケに行きたいですか？ CH 大家想去哪个练歌房?

정리해 봅시다

EN Let's review JP まとめ CH 整理一下。

학교 근처에 무엇이 있습니까? 여러분은 어디에 자주 갑니까? 그 곳은 어떻습니까?

EN What is near the school? Of the places, where do you go often? How are those places?
JP 学校の近所に何がありますか？皆さんはどこによく行きますか？そこはどうですか？ CH 学校附近有什么?大家经常去哪儿?那里怎么样?

제3과

친구와 가족

01 트랑 씨는 베트남에서 왔습니다
02 부모님이 한국에 계십니까?
03 동생한테 가끔 이메일을 보냅니다

01 트랑 씨는 베트남에서 왔습니다

학/습/목/표 친구에 대한 이야기를 듣고 이해할 수 있다.

EN Objective To be able to listen and understand a description about a friend.
JP 学修目標 友達についての話を聴いて理解することが出来る。
CH 学习目标 听有关朋友的对话并能理解。

준비해 봅시다

EN Let's prepare. JP 準備しましょう。 CH 准备一下。

제니 씨는 어느 나라에서 왔습니까?

EN Where is Jenny from? JP ジェニーさんはどこの国から来ましたか？ CH 珍妮从哪国来?

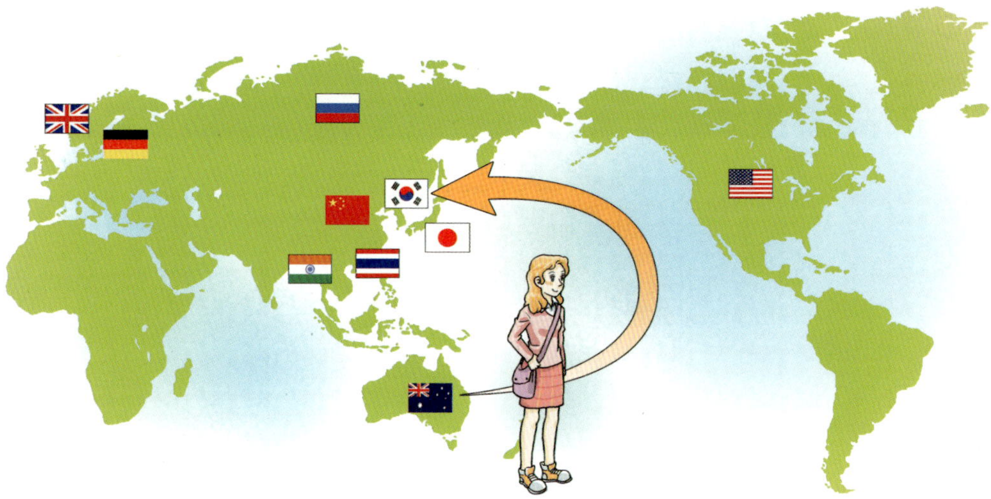

들어 봅시다

EN Let's listen. JP 聴いてみましょう。 CH 请听一听。

01 듣고 문장을 완성하십시오. ❶ 01~04

EN Listen and complete the sentence. JP 次の文を聴いて完成してください。 CH 听文章并正确填写。

MP3 01~04

1. ________________ 과일을 좋아합니까?
2. 영어 ________________ 을/를 사고 싶습니다.
3. 창문을 ________________.
4. 친구가 아주 ________________.

02 듣고 맞는 대답을 고르십시오. ❶ 05~09

EN Listen and choose the correct one. JP 次の文を聴いて正しい答えを選んでください。 CH 听并选择正确的答案。

MP3 05~13

1. (   )

① 네, 비빔밥도 좋아합니다.　　② 불고기를 좋아합니다.

2. (   )

① 기숙사에 삽니다.　　② 기숙사가 좋습니다.

3. (   )

① 네, 동생도 키가 큽니다.　　② 네, 동생은 조금 작습니다.

4. (   )

① 호주에 갔습니다.　　② 영국에서 왔습니다.

5. (   )

① 경제학을 공부합니다.　　② 신문방송학을 공부하고 싶어합니다.

03 누구입니까? 듣고 맞는 것을 고르십시오. ❶ 10~13

EN Who is it? Choose the correct answer JP 誰ですか。話を聴いて内容と合う人を選んでください。 CH 是谁?选择正确的选项。

1. 미선 씨 (   )
2. 마리아 씨 (   )

① ② ③ ④

3. 제임스 씨 (   )
4. 앙리 씨 (   )

① ② ③ ④

04 듣고 대화를 완성하십시오. ❶ 14

EN Listen and complete the conversation. JP 次の対話を聴いて完成してください。 CH 听对话并填空。

MP3 14~17

보기

제임스 : 저 사람이 누구입니까?

아마라 : 기숙사 ______________________ 입니다.

제임스 : 친구가 어느 나라 사람입니까?

아마라 : 호주에서 ______________________.

제임스 : 친구가 무엇을 공부하고 싶어합니까?

아마라 : 경영학을 ______________________.

05 듣고 질문에 답하십시오. ❶ 15~17

EN Listen and answer the question. JP 話を聴いて質問に答えてください。 CH 听并回答问题。

1. 대화를 듣고 맞는 것에 ✓ 표 하십시오.

EN Listen to the conversation and mark ✓ if the sentence is correct. JP 次の話を聴いて内容と合う文に✓をつけてください。
CH 听对话在正确的上面划✓。

① 아마라 씨는 기숙사 방 친구입니다. ( )

② 아마라 씨는 몽골 사람입니다. ( )

③ 아마라 씨는 컴퓨터 게임을 배웁니다. ( )

2. 대화를 듣고 맞는 그림을 고르십시오. ( )

EN Listen to the conversation and choose the correct picture. JP 次の話を聴いて内容と合う絵を選んでください。
CH 听对话并选择正确的图片。

①

②

③

3. 이야기를 듣고 질문에 답하십시오.

EN Listen to the story and answer the question. JP 話を聴いて質問に答えてください。 CH 听短文并回答问题。

1) 트랑 씨는 어느 나라 사람입니까? (　　　　)

EN Where is Mr. Tran from? JP トランさんはどの国の人ですか？ CH 特朗是哪国人?

① 헝가리　② 베트남　③ 네덜란드

2) 트랑 씨는 대학교에서 무엇을 공부하고 싶어합니까? (　　　　)

EN What does Tran want to study in the university. JP トランさんは大学で何を勉強したいと思っていますか？
CH 特朗想在大学里学习什么?

① 경영학　② 한국말　③ 경제학

정리해 봅시다

EN Let's review JP まとめ CH 整理一下。

반 친구를 소개해 보십시오.

EN Introduce your classmates. JP クラスの友達を紹介してみてください。 CH 介绍一下你班里的朋友。

02 부모님이 한국에 계십니까?

학/습/목/표 부모에 대한 이야기를 듣고 이해할 수 있다.

EN Objective To be able to listen and understand about parents.
JP 学修目標 両親についての話を聴いて理解することが出来る。
CH 学习目标 听有关父母的对话并能理解。

준비해 봅시다

EN Let's prepare. JP 準備しましょう。 CH 准备一下。

가족이 어디에 있습니까?

EN Where is your family living? JP 家族はどこにいますか？ CH 你的家人在哪儿?

들어 봅시다

EN Let's listen. JP 聴いてみましょう。 CH 请听一听。

01 듣고 문장을 완성하십시오. ❷ 01~04

EN Listen and complete the sentence. JP 次の文を聴いて完成してください。 CH 听文章并正确填写。

MP3 01~04

1. 이 사람이 ______________________ 입니까?

2. 수학을 좋아하지 ______________________.

3. 할머니는 베이징에 ______________________.

4. 아버지는 은행에서 ______________________.

02 듣고 맞는 대답을 고르십시오. ❷ 05~09

EN Listen and choose the correct answer. JP 次の文を聴いて正しい答えを選んでください。 CH 听并选择正确的答案。

MP3 05~14

1. ( )

① 네, 계십니다. ② 네, 집에 갑니다.

2. ( )

① 할머니가 읽으십니다. ② 아니요, 책을 읽습니다.

3. ( )

① 네, 경제학을 공부합니다. ② 아니요, 경영학을 공부하지 않습니다.

4. ( )

① 방에서 주무십니다. ② 네, 할머니가 계십니다.

5. ( )

① 네, 한국에 있습니다. ② 아니요, 한국말을 배웁니다.

03 듣고 맞는 것을 고르십시오. ❷ 10~14

EN Listen and choose the correct picture. JP 話を聴いて合っているものを選んでください。 CH 听对话并选择正确的选项。

1. ( ) 2. ( ) 3. ( )

4. ( ) 5. ( )

①

②

③

④

⑤

04 듣고 대화를 완성하십시오. ② 15

EN Listen and complete the conversation. JP 次の対話を聴いて完成してください。 CH 听对话并填空。

MP3 15~17

보기

미미 : 가족사진입니까? 부모님께서 어디에 계십니까?

제리 : 지금 뉴욕에 ________________________________.

미미 : 부모님께서 한국말을 아십니까?

제리 : 네, 한국말을 조금 하십니다.

미미 : 이 분이 어머니이십니까? ________________________.

제리 : 아니요, ____________________________________.

05 듣고 질문에 답하십시오. ② 16~17

EN Listen and answer the question. JP 話を聴いて質問に答えてください。 CH 听并回答问题。

1. 이야기를 듣고 관계있는 것에 모두 ✓ 표 하십시오.

EN Listen to the story and mark ✓ under all the related pictures. JP 話を聴いて関係のあるものすべてに✓を付けてください。
CH 听短文并在所有相关的选项上划✓。

1)

① (　　　) ② (　　　) ③ (　　　) ④ (　　　)

2)

❶ ( ) ❷ ( ) ❸ ( ) ❹ ( )

2. 이야기를 듣고 맞는 것에 ✓ 표 하십시오.

EN Listen to the conversation and mark ✓ if the sentence is correct. JP 次の話を聴いて内容と合う文に✓をつけてください。
CH 听短文并在正确的选项上划✓。

❶ 미미 씨는 형제가 있습니다. ( )

❷ 미미 씨의 어머니는 전화 회사에서 일하십니다. ( )

❸ 미미 씨는 부모님께 자주 전화를 합니다. ( )

정리해 봅시다

EN Let's review JP まとめ CH 整理一下。

여러분의 어머니(아버지)를 소개해 보십시오.

EN Introduce your mother(father). JP 皆さんのお母さん(お父さん)を紹介してみてください。 CH 请介绍一下你们的母亲(父亲)。

03 동생한테 가끔 이메일을 보냅니다

학/습/목/표 형제에 대한 이야기를 듣고 이해할 수 있다.

EN Objective To be able to listen and understand a description about siblings.
JP 学修目標 兄弟についての話を聴いて理解することが出来る。
CH 学习目标 听有关兄弟的对话并能理解。

준비해 봅시다

EN Let's prepare. JP 準備しましょう。 CH 准备一下。

가족이 모두 몇 명입니까?

EN How many members of your family are there? JP 家族は全部で何人ですか? CH 你们家一共有几口人?

들어 봅시다

EN Let's listen. JP 聴いてみましょう。 CH 请听一听。

01 듣고 문장을 완성하십시오. 3 01~04

EN Listen and complete the sentence. JP 次の文を聴いて完成してください。 CH 听文章并正确填写。

MP3 01~04

1. 제 가족은 ________________ 입니다.

2. ________________ 어머니, 그리고 저입니다.

3. 어머니께서 ________________ 날마다 전화를 하십니다.

4. 저는 ________________ 가끔 이메일을 보냅니다.

02 듣고 맞는 대답을 고르십시오. 3 05~09

EN Listen and choose the correct answer. JP 次の文を聴いて正しい答えを選んでください。 CH 听并选择正确的答案。

MP3 05~13

1. (　　　)

① 형제가 두 명입니다.　② 부모님하고 저, 모두 세 명입니다.

2. (　　　)

① 동생한테 보냅니다.　② 카드하고 옷을 보냅니다.

3. (　　　)

① 네, 부모님께 자주 전화합니다.　② 네, 저한테 자주 전화를 하십니다.

4. (　　　)

① 재미있어서 공부합니다.　② 한국 사람이 친절해서 좋습니다.

5. (　　　)

① 도서관에 갑니다.　② 네, 다음 주에 시험이 있습니다.

03 누구입니까? 듣고 맞는 것을 고르십시오. 3 10~13

EN Who is it? Choose the correct picture. JP 誰ですか。話を聴いて内容と合う人を選んでください。 CH 是谁?选择正确的选项。

1. 영수 씨 (　　　)　2. 웨이 씨 (　　　)

① ② ③ ④

3. 마리아 씨 (　　　)　　　　4. 제인 씨 (　　　)

①

②

③

④

04 듣고 대화를 완성하십시오. ③ 14

EN Listen and complete the conversation. JP 次の対話を聴いて完成してください。 CH 听对话并完成文章。

MP3 14~17

보기

미　미 : 가족이 ______________________ 입니까?

제임스 : 아버지, 어머니, 형하고 저, 네 명입니다.

미　미 : 부모님께 ______________________?

제임스 : 네, 자주 합니다.

미　미 : 전화요금이 ______________________?

제임스 : 인터넷 전화여서 ______________________.

05 듣고 질문에 답하십시오. ③ 15~17

EN Listen and answer the question. JP 話を聴いて質問に答えてください。 CH 听并回答问题。

1. 이야기를 듣고 맞는 것에 ✓ 표 하십시오.

EN Listen to the story and mark ✓ under the correct picture. JP 話を聴いて内容と合っているものに✓を付けてください。
CH 听短文并在正确的选项上划✓。

① (　　　)

② (　　　)

③ (　　　)

④ (　　　)

2. 대화를 듣고 맞는 것에 ✓ 표 하십시오.

EN Listen to the conversation and mark ✓ if the sentence is correct. JP 次の話を聴いて内容と合う文に✓をつけてください。
CH 听对话并在正确的选项上划✓。

❶ 남자는 형이 있습니다. (   )
❷ 남자의 동생은 대학생입니다. (   )
❸ 남자의 누나는 의사가 되고 싶어합니다. (   )

3. 대화를 듣고 질문에 맞는 대답을 고르십시오.

EN Listen to the conversation and choose the correct answer. JP 次の話を聴いて質問に答えてください
CH 听对话并选择正确的答案。

1) 미미 씨의 가족은 몇 명입니까? (   )

EN How many members of Mimi's family are there? JP ミミさんの家族は何人ですか？ CH 美美家有几口人?

❶ 3명 ❷ 4명 ❸ 5명

2) 미미 씨는 왜 언니를 자주 만나지 않습니까? (   )

EN Why does Mimi not meet her sister often? JP ミミさんがお姉さんとあまり会わないのはなぜですか？ CH 美美为什么不经常见姐姐?

❶ 미미 씨가 시간이 없어서
❷ 언니가 바빠서
❸ 언니의 학교가 멀어서

3) 여러분은 가족과 자주 연락을 합니까?

EN Do you often contact your family? JP 皆さんは家族とよく連絡をしますか。 CH 你们经常跟家人联络吗?

정리해 봅시다

EN Let's review JP まとめ CH 整理一下。

미미 씨 가족 이야기를 해 보십시오.

EN Talk about Mimi's family. JP ミミさんの家族の話をしてみてください。 CH 说一说美美家的故事。

제4과

일상생활

01 2시에 점심을 먹습니다

학/습/목/표 하루 일과 이야기를 듣고 이해할 수 있다.

EN Objective To be able to listen and understand a description of one's daily routine.
JP 学修目標 日課についての話を聴いて理解することが出来る。
CH 学习目标 听有关一天的日程的对话并能理解。

준비해 봅시다

EN Let's prepare. JP 準備しましょう。 CH 准备一下。

여러분은 날마다 무엇을 합니까?

EN What do you do every day? JP 皆さんは毎日何をしますか？ CH 大家每天都做什么?

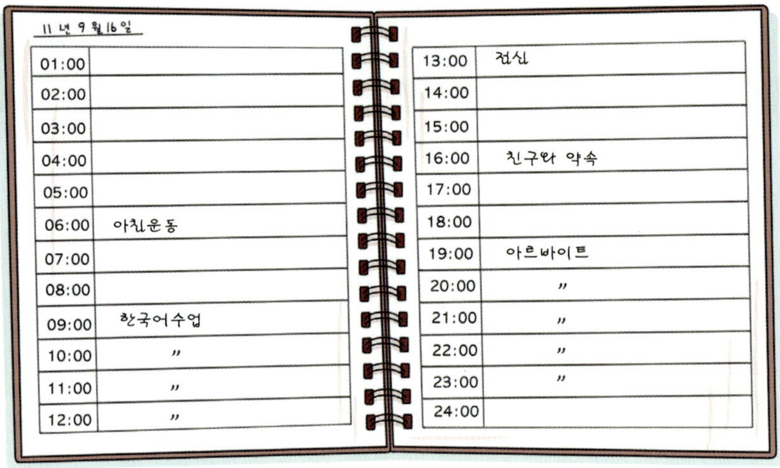

들어 봅시다

EN Let's listen. JP 聴いてみましょう。 CH 请听一听。

01 듣고 문장을 완성하십시오. 1 01~04

EN Listen and complete the sentence. JP 次の文を聴いて完成してください。 CH 听文章并填空。

MP3 01~04

1. ________________시에 지하철을 탑니다.

2. 수업이 ________________ 점심을 먹습니다.

3. 오후에 도서관에서 책을 ________________.

4. 오전 9시 __________ 오후 1시 __________ 한국어를 배웁니다.

02 듣고 맞는 대답을 고르십시오. ❶ 05~08

EN Listen and choose the correct answer. JP 次の文を聴いて正しい答えを選んでください。 CH 听并选择正确的答案。

MP3 05~13

1. ( )

① 10시입니다. ② 네, 10시입니다.

2. ( )

① 7시에 일어납니다. ② 7시에 일어나고 싶어합니다.

3. ( )

① 오후 6시에 먹습니다. ② 오후 1시에 먹습니다.

4. ( )

① 식사를 하고 숙제를 합니다. ② 텔레비전을 봅니다.

03 듣고 맞는 것을 고르십시오. ❶ 09~13

EN Listen and choose the correct picture. JP 次の話を聴いて内容と合う絵を選んでください。 CH 听对话并选择正确的选项。

1. ( )

①

②

③

2. ( )

①

②

③

3. (　　　)

①

②

③

4. (　　　)

①

②

③

5. (　　　)

①

②

③

04 듣고 대화를 완성하십시오. 🔊 ❶ 14

EN Listen and complete the conversation. JP 次の対話を聴いて完成してください。 CH 听对话并填空。

MP3 14~16

보기

리에 : 몇 시에 학교에 가십니까?

철수 : ______________________시에 갑니다.

리에 : 아침을 ___________________ 가십니까?

철수 : 아니요, ________________ 먹지 않습니다.

리에 : 날마다 수업이 있습니까?

철수 : 네, ______________________________.

05 듣고 질문에 답하십시오. ❶ 15~16

EN Listen and answer the question. JP 話を聴いて質問に答えてください。 CH 听并选择正确的答案。

1. 대화를 듣고 맞는 것에 ✓ 표 하십시오.

EN Listen to the conversation and mark ✓ if the sentence is correct. JP 次の話を聴いて内容と合う文に✓をつけてください。
CH 听对话并在正确的选项上划✓。

① 여자는 5시 10분에 약속이 있습니다. ( )

② 여자는 오늘 친구를 만납니다. ( )

③ 커피숍은 학교에서 멉니다. ( )

2. 대화를 듣고 질문에 답하십시오.

EN Listen to the conversation and answer the question. JP 次の話を聴いて質問に答えてください。 CH 听对话并回答问题。

1) 듣고 순서에 맞게 그림에 번호를 쓰십시오.

EN Listen and write the correct chronological number under each of the picture. JP 話を聴いて内容の順番通りに番号を書いてください。
CH 听对话按照顺序在图片上标号。

① ② ③ ④

2) 여자의 하루 일과를 이야기해 봅시다.

EN Let's talk about the woman's daily routine. JP 女性の日課を話してみましょう。 CH 请说一说女生一天的日程。

정리해 봅시다

EN Let's review JP まとめ CH 整理一下。

날마다 하고 싶은 일이 있습니까? 이야기해 봅시다.

EN Are there any activities you would like to do every day? Let's talk. JP 毎日したい事はありますか？話してみましょう。
CH 你每天有想做的事情吗？请说一说。

02 토요일에 영화를 봤습니다

학/습/목/표 지난 이야기를 듣고 이해할 수 있다.

EN Objective To be able to listen and understand about past events.
JP 学修目標 過去の話を聴いて理解する事が出来る。
CH 学习目标 听过去的故事并能理解。

준비해 봅시다

EN Let's prepare. JP 準備しましょう。 CH 准备一下。

이 사람은 주말에 무엇을 했습니까?

EN What did this person do over the weekend? JP この人は週末に何をしましたか？ CH 这个人周末做什么了?

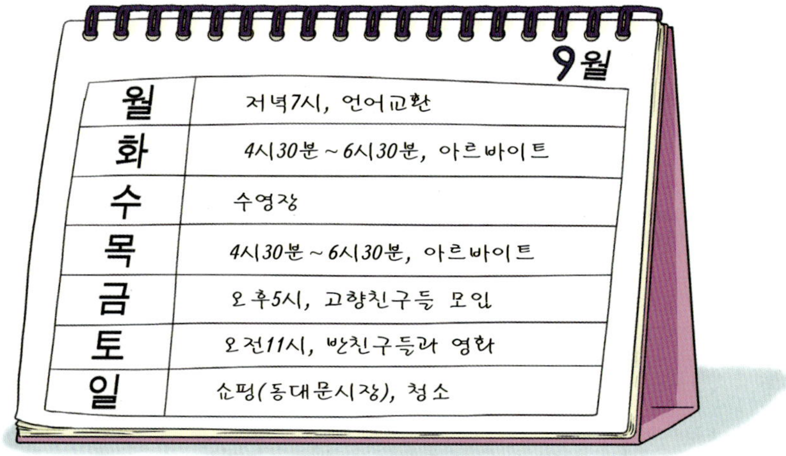

들어 봅시다

EN Let's listen. JP 聴いてみましょう。 CH 请听一听。

01 듣고 문장을 완성하십시오. ❷ 01~04

EN Listen and complete the sentence. JP 次の文を聴いて完成してください。 CH 听文章并填空。

MP3 01~04

1. 방을 ________________ 합니다.

2. ________________ 에 수영장에 갔습니다.

3. ________________ 창문을 열었습니다.

4. 주말에 ________________ 에 가고 싶습니다.

02 듣고 맞는 대답을 고르십시오. ❷ 05~08

EN Listen and choose the correct answer. JP 次の文を聴いて正しい答えを選んでください。 CH 听并选择正确的答案。

MP3 05~12

1. (   )

❶ 수요일입니다. ❷ 10월 3일입니다.

2. (   )

❶ 목요일입니다. ❷ 크리스마스입니다.

3. (   )

❶ 친구를 만나서 재미있었습니다. ❷ 만나서 같이 시험공부를 했습니다.

4. (   )

❶ 등산을 가고 싶었습니다. ❷ 집에서 쉬었습니다.

03 듣고 맞는 그림을 고르십시오. ❷ 09~12

EN Listen and choose the correct picture. JP 次の話を聴いて内容と合う絵を選んでください。 CH 听对话并选择正确的选项。

1. (   )

❶ 

❷ 

❸ 

2. (   )

❶ 

❷ 

❸ 

3. (　　　)

❶

❷

❸

4. (　　　)

❶

❷

❸

04 듣고 대화를 완성하십시오. ❷ 13

EN Listen and complete the conversation. JP 次の対話を聴いて完成してください。 CH 听对话并填空。

MP3 13~16

보기

퓨　퓨 : ______________________에 집에서 잘 쉬었습니까?

알렉스 : 아니요, 친구를 만났습니다.

퓨　퓨 : 친구하고 무엇을 했습니까?

알렉스 : 만나서 영화를 보고 ______________________.

퓨　퓨 : 영화가 어땠습니까?

알렉스 : ______________________.

05 듣고 질문에 답하십시오. ❷ 14~16

EN Listen and answer the question. JP 話を聴いて質問に答えてください。 CH 听对话并选择正确的答案。

1. 대화를 듣고 질문에 답하십시오.

EN Listen to the conversation and answer the question. JP 次の話を聴いて質問に答えてください。 CH 听对话回答问题。

1) 약속 시간은 언제였습니까? (　　　)

EN What time was the appointment? JP 約束時間は何時でしたか？ CH 约定时间是什么时候?

❶ 1시　　　❷ 3시

2) 여자는 어디에서 기다렸습니까? (　　　　)

EN Where was the woman waiting? JP 女性はどこで待っていましたか。 CH 女人在哪儿等他?

① 연세 극장　　② 대한 극장

2. 대화를 듣고 언제인지 달력에 쓰십시오.

EN Listen to the conversation and write the following days on the calendar. JP 次の話を聴いてカレンダに書き込んでください。
CH 听对话并在日历上标记出时间。

① 한글날　② 오늘　③ 밍밍 씨 생일

④ 인천 여행　⑤ 시험

3. 이야기를 듣고 맞는 그림의 번호를 쓰십시오.

EN Listen to the story and write the correct numbers in the blanks. JP 話を聴いて内容と合う絵の番号を書いてください。
CH 听短文写出正确的图片的标号。

월요일	화요일	수요일	목요일	금요일	토요일	일요일

①

②

③

④

정리해 봅시다

EN Let's review JP まとめ CH 整理一下。

여러분은 지난주를 어떻게 보냈습니까? 무엇을 했습니까? 이야기해 봅시다.

EN How did you spend your weekend? What did you do? Let's talk. JP 皆さんは先週どのように過ごしましたか？何をしましたか？話してみましょう。 CH 大家上周是怎么过的?做什么了?请说一说。

03 주말에 놀이공원에 갈까요?

학/습/목/표 주말 계획을 듣고 이해할 수 있다.

EN Objective To be able to listen and understand about weekend plans.
JP 学修目標 週末の予定を聴いて理解することが出来る。
CH 学习目标 听有关周末计划的对话并能理解。

준비해 봅시다

EN Let's prepare. JP 準備しましょう。 CH 准备一下。

여러분은 주말에 무엇을 할 거예요?

EN What are you going to do this weekend? JP 皆さんは週末に何をする予定ですか？ CH 大家周末要做什么?

들어 봅시다

EN Let's listen. JP 聴いてみましょう。 CH 请听一听。

01 듣고 문장을 완성하십시오. 3 01~04

EN Listen and complete the sentence. JP 次の文を聴いて完成してください。 CH 听文章并正确填写。

MP3 01~04

1. ________________ 을/를 갈 거예요.

2. 일요일에 ________________ 을/를 탈 거예요.

3. 동대문 시장에 ________________ 갈까요?

4. 노래방에 가서 한국 노래를 ________________.

02 듣고 맞는 대답을 고르십시오. ③ 05~08

EN Listen and choose the correct answer. JP 次の文を聴いて正しい答えを選んでください。 CH 听并选择正确的答案。

MP3 05~13

1. (   )

① 네, 갑니다.　　② 그럽시다.

2. (   )

① 부산에 갔습니다.　　② 놀이공원에 가고 싶습니다.

3. (   )

① 좀 쉴까요?　　② 쉬고 싶습니다.

4. (   )

① 친구를 만날까요?　　② 친구 생일 파티에 갈 거예요.

03 듣고 관계있는 그림을 고르십시오. ③ 09~13

EN Listen and choose the related picture. JP 次の話を聴いて内容と合う絵を選んでください。 CH 听对话并选择相关的图片。

1. (   )　2. (   )　3. (   )　4. (   )　5. (   )

①

②

③

④

⑤

04 듣고 대화를 완성하십시오. 🔊 ❸ 14

EN Listen and complete the conversation. JP 次の対話を聴いて完成してください。 CH 听对话并填空。

MP3 14~16

보기

영수 : 다음 주말에 무엇을 하고 싶습니까?

리리 : 인천에 가서 ______________________ 을/를 구경할 거예요.

영수 : 같이 갈까요?

리리 : ___________________________________. 같이 갑시다.

영수 : ___________________________________?

리리 : 토요일 아침 8시에 ______________________.

05 듣고 질문에 답하십시오. 🔊 ❸ 15~16

EN Listen and answer the question. JP 話を聴いて質問に答えてください。 CH 听对话并回答问题。

1. 이 사람들이 오늘 오후에 어디에 갑니까? 대화를 듣고 쓰십시오.

EN Where are these people going this afternoon? Listen to the conversation and write.
JP この人たちは今日の午後にどこに行きますか？会話を聴いて書いてください。 CH 他们今天下午要去哪儿？听对话并写一写。

이름	장소	이유
철수		
정희		
스즈키		

2. 대화를 듣고 질문에 답하십시오.

EN Listen to the conversation and answer the question. JP 会話を聴いて質問に答えてください。 CH 听对话回答问题。

1) 두 사람은 언제 쇼핑을 합니까? ( )

EN When do they go shopping? JP 二人はいつショッピングをしますか？ CH 两个人什么时候去购物?

① 6월 3일 ② 6월 4일 ③ 6월 5일

2) 두 사람은 어디에 갑니까? ( )

EN Where are they going? JP 二人はどこに行きますか？ CH 两个人要去哪儿?

①

②

3) 두 사람은 어디에서 만납니까? ( )

EN Where are they going to meet? JP 二人はどこで会いますか？ CH 两个人在哪儿见面?

① 학교 앞 ② 학교 안 ③ 기숙사 앞

정리해 봅시다

EN Let's review JP まとめ CH 整理一下。

여러분도 친구와 주말 쇼핑 계획을 세워 봅시다. 여러분은 어디에 갈 거예요?

EN Let's make a shopping plan with your friend. Where do you want to go shopping?
JP 皆さんも友達と週末のショッピングの計画を立ててみましょう。皆さんはどこに行きますか？
CH 大家也和朋友一起做一做周末购物计划。大家打算去哪儿呢?

제5과

학교 시설

01 사전을 사러 가요

학/습/목/표 학교 시설물에 대한 이야기를 듣고 이해할 수 있다.

EN Objective To be able to listen and understand a description about school facilities.
JP 学修目標 学校の施設についての話を聴いて理解することが出来る。
CH 学习目标 听关于学校设施的对话并能理解。

준비해 봅시다

EN Let's prepare. JP 準備しましょう。 CH 准备一下。

어디에 갑니까? 왜 갑니까?

EN Where are you going? Why are you going? JP どこに行きますか?なぜ行きますか? CH 要去哪儿? 为什么去?

들어 봅시다

EN Let's listen. JP 聴いてみましょう。 CH 请听一听。

01 듣고 문장을 완성하십시오. ❶ 01~04

EN Listen and complete the sentence. JP 次の文を聴いて完成してください。 CH 听文章并正确填写。

MP3 01~04

1. ________________에 갑니다.

2. 사전 ________________에 15,000원입니다.

3. 무슨 사전을 ________________?

4. 저는 ________________을/를 사고 싶어요.

02 듣고 맞는 대답을 고르십시오. ❶ 05~09

EN Listen and choose the correct answer. JP 次の文を聴いて正しい答えを選んでください。 CH 听并选择正确的答案。

MP3 05~13

1. (　　　)

① 볼펜을 한 개 샀어요.　　② 교과서를 한 권 샀어요.

2. (　　　)

① 문구점에서 공책을 삽니다.　　② 친구를 만나러 도서관에 갑니다.

3. (　　　)

① 아침에 운동할 거예요.　　② 도서관 앞에서 친구를 만날 거예요.

4. (　　　)

① 지우개 있어요?　　② 공책을 드리십시오.

5. (　　　)

① 여섯 권 있습니다.　　② 한 권에 2,000원이에요.

03 어디입니까? 듣고 맞는 것을 고르십시오. ❶ 10~13

EN Where is it? Listen and choose the correct picture. JP どこですか？話を聴いて内容と合う絵を選んでください。
CH 这是哪儿？听对话选择正确的答案。

1. (　　　)

①

②

③

2. (   )

❶

❷

❸

3. (   )

❶

❷

❸

4. (   )

❶

❷

❸

04 듣고 대화를 완성하십시오. ❶ 14

EN Listen and complete the conversation. JP 次の対話を聴いて完成してください。 CH 听对话并填空。

MP3 14~16

보기

마리아 : 어디에 가세요?

웨 이 : 학생회관 ______________________________ 에 가요.

마리아 : ______________________________ ?

웨 이 : 종이를 사러 가요.

마리아 : 종이요? 종이는 ______________________________ ?

웨 이 : 한 장은 잘 모르겠어요.

05 듣고 질문에 답하십시오. ❶ 15~16

EN Listen and answer the question. JP 話を聴いて質問に答えてください。 CH 听并回答问题。

1. 이야기를 듣고 맞는 것에 ✓ 표 하십시오.

EN Listen to the story and mark ✓ under the correct picture. JP 次の話を聴いて内容と合っている絵に✓を付けてください。
CH 听短文并在正确的选项上划✓。

① (　　)

② (　　)

③ (　　)

④ (　　)

⑤ (　　)

⑥ (　　)

⑦ (　　)

⑧ (　　)

2. 대화를 듣고 맞는 것에 ✓ 표 하십시오.

EN Listen to the story and mark ✓ if the sentence is correct. JP 次の話を聴いて内容と合う文に✓をつけてください。
CH 听对话并在正确的选项上划✓。

① 두 사람 모두 운동을 좋아합니다. (　　)

② 웨이 씨는 운동장에서 운동을 합니다. (　　)

③ 날마다 체육관에 사람이 많습니다. (　　)

④ 제리 씨는 운동을 하러 갑니다. (　　)

정리해 봅시다

EN Let's review JP まとめ CH 整理一下。

학교의 어떤 시설에 갔습니까? 거기에서 무엇을 했습니까?

EN What kind of facilities did you go to in your campus? What did you do there? JP 学校のどんな施設に行きましたか。そこで何をしましたか。
CH 你去过学校里的什么设施? 在那儿做了什么?

02 학생식당 메뉴가 뭐예요?

학/습/목/표 식당에 대한 이야기를 듣고 이해할 수 있다.

EN Objective To be able to listen and understand a description about a restaurant.
JP 学修目標 食堂についての話を聴いて理解することが出来る。
CH 学习目标 听关于餐厅的对话并能理解。

준비해 봅시다

EN Let's prepare. JP 準備しましょう。 CH 准备一下。

무슨 식당입니까? 무엇을 먹고 싶습니까?

EN What kind of dining place is it? What would you like to eat? JP 何の食堂ですか？何を食べたいですか? CH 是什么餐厅?你想吃什么?

3,000원

3,500원

3,000원

4,000원

들어 봅시다

EN Let's listen. JP 聴いてみましょう。 CH 请听一听。

01 듣고 문장을 완성하십시오. 2 01~04

EN Listen and complete the sentence. JP 次の文を聴いて完成してください。 CH 听文章并正确填写。

MP3 01~04

1. 오늘 ________________ 에 무슨 음식이 있어요?

2. ________________ 은/는 좀 매워요.

3. 불고기가 ________________ 드세요.

4. 학생식당은 ________________ 않아요?

02 듣고 맞는 대답을 고르십시오. ❷ 05~09

EN Listen and choose the correct answer. JP 次の文を聴いて正しい答えを選んでください。 CH 听并选择正确的答案。

MP3 05~13

1. (　　　)

   ❶ 네, 뭘 먹을까요?　　❷ 네, 점심을 먹었습니다.

2. (　　　)

   ❶ 비싸지 않습니다.　　❷ 비싸지 않아요?

3. (　　　)

   ❶ 학생식당이 어때요?　　❷ 네, 학생식당이 가까우니까 학생식당에 갑시다.

4. (　　　)

   ❶ 12,000원입니다.　　❷ 비빔밥 하나하고 냉면 하나 주세요.

5. (　　　)

   ❶ 네, 정말 맛있어요.　　❷ 비빔밥도 맛있고 제육볶음도 맛있어요.

03 어디입니까? 듣고 맞는 것을 고르십시오. ❷ 10~13

EN Where is it? Listen and choose the correct picture. JP どこですか？話を聴いて内容と合う絵を選んでください。
CH 这是哪儿？听对话并选择正确的答案。

1. (　　　)　　2. (　　　)　　3. (　　　)

❶

❷

❸

4. (　　　)

❶

❷

❸

04 듣고 대화를 완성하십시오. ❷ 14

EN Listen and complete the conversation. JP 次の対話を聴いて完成してください。 CH 听对话并填空。

MP3 14~16

보기

제　리 : 어디에 가세요?

마리아 : ______________________ 을/를 먹으러 가요.

제　리 : ______________________ 좋아하세요?

마리아 : 비빔밥을 좋아해요.

제　리 : 비빔밥은 ______________________?

마리아 : 고추장을 조금만 넣으면 안 매워요.

05 듣고 질문에 답하십시오. ❷ 15~16

EN Listen and answer the question. JP 話を聴いて質問に答えてください。 CH 听并回答问题。

1. 이야기를 듣고 맞는 것에 ✓표 하십시오.

EN Listen to the story and mark ✓ under the correct picture. JP 話を聴いて内容と合っているものに✓を付けてください。
CH 听短文并在正确的选项上划✓。

❶ (　　　)

❷ (　　　)

월	화	수	목	금
돈까스	된장찌개	순두부찌개	스파게티	자장면

❸ (　　　)

월	화	수	목	금
비빔밥	된장찌개	된장찌개	된장찌개	비빔밥

❹ (　　　)

❺ (　　　)

❻ (　　　)

❼ (　　　)

❽ (　　　)

2. 대화를 듣고 맞는 것에 ✓ 표 하십시오.

EN Listen to the conversation and mark ✓ if the sentence is correct. JP 次の話を聴いて内容と合う文に✓をつけてください。
CH 听对话并在正确的选项上划✓。

❶ 두 사람은 식당에 갑니다. ( )

❷ 학생식당 음식은 쌉니다. ( )

❸ 여자는 제육볶음을 좋아합니다. ( )

정리해 봅시다

EN Let's review JP まとめ CH 整理一下。

여러분은 어디에서 식사를 합니까? 그곳은 어떻습니까?

EN Where do you go to eat? What is that place like? JP 皆さんはどこで食事をしますか？そこはどうですか？
CH 大家在什么地方吃饭?那儿怎么样?

03 강의실이 몇 층에 있어요?

학/습/목/표 강의실 위치에 대한 이야기를 듣고 이해할 수 있다.

EN Objective To be able to listen and understand a description about the location of a lecture room.
JP 学修目標 講義室の位置についての話を聴いて理解することが出来る。
CH 学习目标 听关于教室位置的对话并能理解。

준비해 봅시다

EN Let's prepare. JP 準備しましょう。 CH 准备一下。

이 사람은 어디를 찾고 있습니까?

EN What place is this person looking for? JP この人はどこを探していますか？ CH 这个人在找哪里?

들어 봅시다

EN Let's listen. JP 聴いてみましょう。 CH 请听一听。

01 듣고 문장을 완성하십시오. 3 01~04

EN Listen and complete the sentence. JP 次の文を聴いて完成してください。 CH 听文章并正确填写。

MP3 01~04

1. ______________ 101호가 어디예요?

2. 저기 ______________ 건물이 문화 센터입니다.

3. 사무실은 ______________에 있습니다.

4. 요즘 고향 음악을 많이 ______________.

02 듣고 맞는 대답을 고르십시오. ❸ 05~09

EN Listen and choose the correct answer. JP 次の文を聴いて正しい答えを選んでください。 CH 听并选择正确的答案。

MP3 05~14

1. (　　　)

① 3층에 있어요.　　② 문화 센터 옆에 있어요.

2. (　　　)

① 어디에 있습니까?　　② 저도 잘 모르겠어요.

3. (　　　)

① 노래를 잘 해요.　　② 저기 문 옆에 서 있는 사람이에요.

4. (　　　)

① 강의실을 청소해요.　　② 무슨 영화가 재미있어요?

5. (　　　)

① 2층하고 3층에 있습니다.　　② 체육관이 어디에 있어요?

03 어디를 찾습니까? 누구를 찾습니까? 듣고 맞는 것을 고르십시오. ❸ 10~14

EN What place is this person looking for? Who is he/she looking for? Listen and choose the correct answer.
JP 話を聴いて合う絵を選んでください。 CH 找哪里? 找谁? 听对话并选择正确的答案。

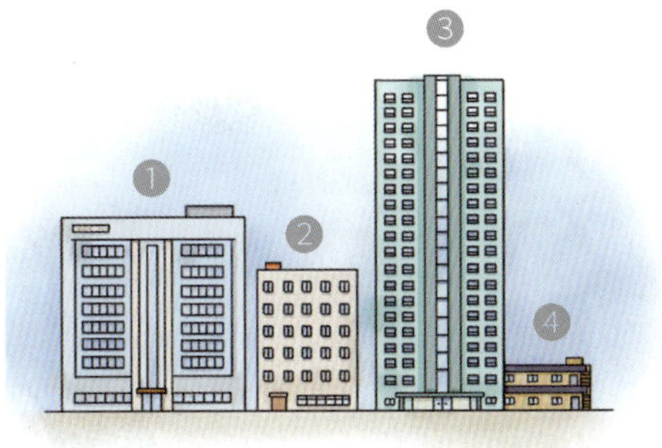

1. 어디를 찾습니까? (　　　)

EN What place is this person looking for?
JP どこを探していますか？ CH 找哪里?

2. 어디를 찾습니까? (　　　)

EN What place is this person looking for?
JP どこを探していますか？ CH 找哪里?

3. 어디를 찾습니까? (　　　)

EN What place is this person looking for?
JP どこを探していますか？ CH 找哪里?

4. 누구를 찾습니까? (　　　)

EN Who is he/she looking for?
JP 誰を探していますか？ CH 找谁?

5. 누구를 찾습니까? (　　　)

EN Who is he/she looking for?
JP 誰を探していますか？ CH 找谁?

①

②

③

04 듣고 대화를 완성하십시오. ③ 15

EN Listen and complete the conversation. JP 次の対話を聴いて完成してください。 CH 听对话并填空。

MP3 15~17

보기

마리아 : ________________________ 찾으세요?

웨 이 : 체육관이 어디에 있습니까?

마리아 : 체육관은 문화 센터 건물 뒤에 있습니다.

웨 이 : 문화 센터 건물이 ________________________?

마리아 : 바로 저 건물이에요.

웨 이 : 저기 하얀색 ________________________?

05 듣고 질문에 답하십시오. ③ 16~17

EN Listen and answer the question. JP 話を聴いて質問に答えてください。 CH 听并回答问题。

1. 이야기를 듣고 맞는 번호를 쓰십시오.

EN Listen to the story and write the correct numbers. JP 話を聴いて内容と合っている番号を書いてください。 CH 听短文并写出正确的号码。

에리코	마리아	철수	나	영수	겐지
(　　)	(　　)	(　　)	(　　)	(　　)	(　　)

2. 대화를 듣고 질문에 맞는 답을 쓰십시오.

EN Listen to the conversation and write the answers. JP 次の話を聴いて質問に答えてください。 CH 听对话并写出正确的答案。

오후에 어디에서 선생님을 만납니까?	
몇 시에 선생님을 만납니까?	
왜 선생님을 만나고 싶어합니까?	

정리해 봅시다

EN Let's review JP まとめ CH 整理一下。

이 건물에 선생님 방이 어디에 있습니까?

EN Where is the teacher's room in this building? JP この建物のどこに先生の部屋がありますか？ CH 这栋楼里老师的房间在哪儿?

제6과

학교 생활

01 날마다 수업이 있지요?

학/습/목/표 수업에 대한 이야기를 듣고 이해할 수 있다.

EN Objective To be able to listen and understand a description about a class.
JP 学修目標 授業についての話を聴いて理解することが出来る。
CH 学习目标 听关于上课的对话并能理解。

준비해 봅시다

EN Let's prepare. JP 準備しましょう。 CH 准备一下。

언제 한국어 수업이 있습니까? 누가 가르치십니까?

EN When do you have a Korean class? Who teaches the class? JP 韓国語の授業はいつありますか？誰が教えますか？
CH 什么时候有韩语课? 谁教你们?

들어 봅시다

EN Let's listen. JP 聴いてみましょう。 CH 请听一听。

01 듣고 맞는 대답을 고르십시오. ❶ 01~04

EN Listen and choose the correct answer. JP 次の文を聴いて正しい答えを選んでください。
CH 听并选择正确的选项。

MP3 01~08

1. ( )

❶ 네, 어렵지만 재미있어요. ❷ 아니요, 아주 어려워요.

❸ 네, 재미있지요?

2. (   )

① 네, 많지요.
② 네, 많아요.
③ 아니요, 많아요.

3. (   )

① 영화가 재미있지 않아요?
② 수업이 있지만 보러 갑니다.
③ 가고 싶지만 오후에 수업이 있어요.

4. (   )

① 누가 날마다 숙제를 다 해요?
② 저는 숙제를 다 했어요.
③ 매일 한국어 숙제가 있어요.

02 듣고 맞는 것을 고르십시오. ❶ 05~08

EN Listen and choose the correct picture. JP 話を聴いて質問に答えてください。 CH 听对话并选择正确的选项。

1. 어디입니까? (   )

EN Where is it? JP どこですか？ CH 这是哪儿?

①

②

③

2. 어디입니까? (   )

EN Where is it? JP どこですか？ CH 这是哪儿?

①

②

③

3. 무엇에 대해서 이야기합니까? (   )

EN What are they talking about? JP 何についての話をしていますか？ CH 这是关于什么的对话?

① 

② 

③ 

4. 어디입니까? (   )

EN Where is it? JP どこですか？ CH 这是哪儿?

① 
② 

③ 

03 듣고 질문에 답하십시오. ❶ 09~11

EN Listen and answer the question. JP 話を聴いて質問に答えてください。 CH 听对话并回答问题。

MP3 09~13

1. 여자의 교실은 어디입니까? (   )

EN Which is the woman's classroom? JP 女性の教室はどこですか？ CH 女的教室在哪儿?

① 

② 

③ 

2. 우리 반에 없는 학생을 고르십시오. (   )

EN Choose the student who is not in our class. JP 私たちのクラスにいない学生を選んでください。 CH 请选出我们班没有的学生。

① 중국 학생 ② 미국 학생 ③ 영국 학생

3. 듣고 맞는 것에 ✓표 하십시오. (   )

EN Listen and mark ✓ if the sentence is correct. JP 次の話を聴いて内容と合う文に✓をつけてください。
CH 请听对话并在正确的上面划✓。

① 한국어 숙제가 많습니다. (   )

② 한국어는 재미있고 어렵지 않습니다. (   )

③ 날마다 많은 단어와 문법을 공부합니다. (   )

04 듣고 질문에 답하십시오. 🔊 ❶ 12~13

EN Listen and answer the question. JP 話を聴いて質問に答えてください。 CH 听并回答问题。

1. 대화를 듣고 질문에 답하십시오.

EN Listen to the conversation and answer the question. JP 次の話を聴いて質問に答えてください。 CH 听对话并回答问题。

1) 두 사람은 무엇에 대해서 이야기합니까? (   )

EN What are the two people talking about? JP 二人は何について話していますか？ CH 两个人在谈论什么?

① 한국어 수업 ② 수학 수업 ③ 영어 수업

2) 맞는 것에 ✓ 표 하십시오.

EN Mark ✓ if the sentence is correct. JP 次の話を聴いて内容と合う文に✓をつけてください。 CH 在正确的上面划✓。

① 여자는 한국어 수업을 제일 좋아합니다. (   )

② 수학 수업은 일주일에 2번 있습니다. (   )

③ 김정호 교수님께서 영어를 가르치십니다. (   )

④ 한국어학당 근처에서 수학 수업을 듣습니다. (   )

2. 대화를 듣고 질문에 답하십시오.

EN Listen to the conversation and answer the question. JP 次の話を聴いて質問に答えてください。 CH 听对话并回答问题。

1) 누가 이야기합니까? 쓰십시오.

EN Who is talking? Write. JP 誰が話していますか？書いてください。 CH 谁在说话?请写一写。

(   )와/과 (   )이/가 이야기합니다.

2) 오늘 해야 할 숙제를 쓰십시오.

EN Write today's homework. JP 今日しなければならない宿題を書いてください。 CH 请写一写今天应该做的作业。

숙제① : ______________________________

____

숙제② : ______________________________

____

정리해 봅시다

EN Let's review JP まとめ CH 整理一下。

여러분이 오늘 해야 할 숙제는 무엇입니까?

EN What is your homework today? JP 皆さんが今日しなければならない宿題は何ですか？ CH 大家今天应该做的作业是什么?

수업	숙제
한국어	
영어	

02 방학에 같이 여행가지 못해요

학/습/목/표 방학 생활에 대한 이야기를 듣고 이해할 수 있다.

EN Objective To be able to listen and understand about one's life during vacation.
JP 学修目標 長期休みの生活についての話を聴いて理解することが出来る。
CH 学习目标 听关于放假生活的对话并能理解。

준비해 봅시다

EN Let's prepare. JP 準備しましょう。 CH 准备一下。

지금까지 방학을 어떻게 보냈습니까?

EN How have you spent your vacations? JP 今まで長期休みをどのように過ごして来ましたか？ CH 到目前为止你的假期是怎么过的?

각 활동에 알맞은 표현을 빈칸에 써 보십시오.

EN Write each activity. JP それぞれの活動について適当な表現を空欄に書いてみてください。 CH 写一写与各个活动相符的表达。

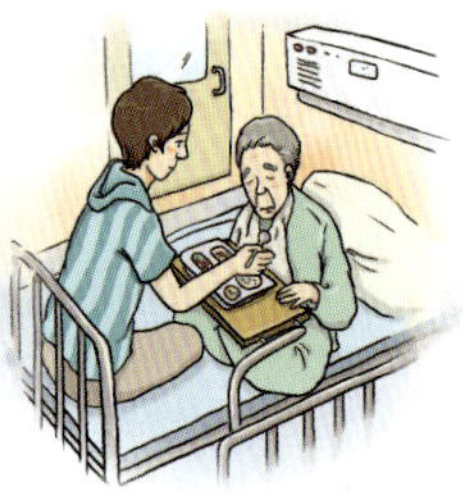

(봉사활동)

(낚시)

(   )

(   )

(   )

(   )

들어 봅시다

EN Let's listen. JP 聴いてみましょう。 CH 请听一听。

01 듣고 맞는 대답을 고르십시오. 🔊 ❷ 01~05

EN Listen and choose the correct answer. JP 次の文を聴いて正しい答えを選んでください。
CH 听并选择正确的答案。

MP3 01~08

1. (   )

❶ 한 달입니다. ❷ 수요일부터입니다.
❸ 8월까지예요.

2. (　　　)

① 여행을 가고 싶었어요.　　② 아르바이트를 했습니다.
③ 수영하러 바다에 가요.

3. (　　　)

① 네, 가십시오.　　② 가지 못해서 바빠요.
③ 할 일이 많아서 가지 못해요.

4. (　　　)

① 아주 어려워요.　　② 아니요, 곧 배울 거예요.
③ 네, 쉽지 않아요.

5. (　　　)

① 병원에 가고 싶어요.　　② 많이 아파요?
③ 부모님께 잘 말씀 드리세요.

02 듣고 맞는 것을 고르십시오. ❷ 06~08

EN Listen and choose the correct picture. JP 話を聴いて質問に答えてください。 CH 听对话并选择正确的选项。

1. 무엇을 합니까? (　　　)

EN What are they doing? JP 何をしますか？ CH 做什么?

①

②

③

2. 어디입니까? (　　　)

EN Where are they? JP どこですか？ CH 在哪儿?

①

②

③

3. 무엇에 대해서 이야기합니까? (　　　　)

EN What are they talking about? JP 何についての話をしていますか？ CH 这是关于什么的对话?

①
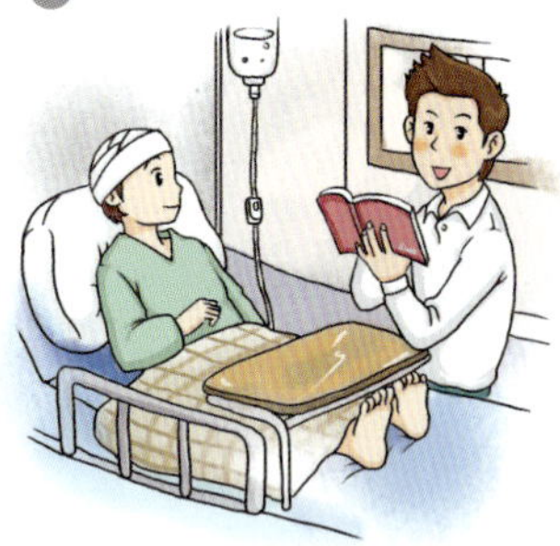
②

③

03 듣고 질문에 답하십시오. ② 09~11

EN Listen and answer the question. JP 話を聴いて質問に答えてください。 CH 听对话并回答问题。

MP3 09~13

1. 두 사람은 어디로 여행을 갈까요? (　　　　)

EN Where do they go traveling? JP 二人はどこに旅行に行きますか？ CH 两个人要去哪儿旅行?

①

②

2. 여자가 산 물건이 아닌 것을 고르십시오. (　　　　)

EN Choose the item that the woman did not buy. JP 女性が買っていないものを選んでください。 CH 请选出不是女生买的东西选项。

①

②

③

3. 대화를 듣고 맞는 것을 고르십시오. (　　　　)

EN Listen to the conversation and choose the correct sentence. JP 次の話を聴いて内容と合う文を選んでください。
CH 听对话并选出正确的选项。

① 두 사람은 자동차 여행을 할 거예요.
② 남자는 운전을 잘 해요.
③ 남자는 기차를 타고 싶어해요.

04 듣고 질문에 답하십시오. ❷ 12~13

EN Listen and answer the question. JP 話を聴いて質問に答えてください。 CH 听并回答问题。

1. 이야기를 듣고 질문에 답하십시오.

EN Listen to the story and answer the question. JP 話を聴いて質問に答えてください。 CH 听短文并回答问题。

1) 무엇에 대한 이야기입니까? (　　　)

EN What is this narrative about? JP 何についての話ですか？ CH 这是关于什么的短文?

① 한국어 공부　　② 방학 계획　　③ 여행

2) 맞는 것에 ✓ 표 하십시오.

EN Mark ✓ if the sentence is correct. JP 内容と合う文に✓をつけてください。 CH 在正确的上面划✓。

① 이 사람은 기분이 좋아서 피곤하지 않습니다. (　　　)

② 내일부터 두 달은 수업이 없습니다. (　　　)

③ 제주도를 여행하고 고향에 갈 거예요. (　　　)

④ 방학에 공부도 열심히 할 거예요. (　　　)

2. 대화를 듣고 질문에 답하십시오.

EN Listen and answer the question. JP 会話を聴いて質問に答えてください。 CH 听对话并回答问题。

1) 여자는 어느 나라에 여행을 갔습니까? 여행 간 순서대로 나라 이름을 쓰십시오. 그리고 거기에서 무엇을 했습니까? 쓰십시오.

EN Where did the woman go traveling? Write the names of countries in chronological order. And what did she do there? Write.
JP 女性はどの国に旅行に行きましたか？行った順番に国の名前を書いてください。また、そこで何をしましたか？書いてください。
CH 女子去哪国旅行了?按照她去旅行的顺序写出国家的名字。写出在那儿做什么。

여행지	여행지에서 한 일
①	
②	
③	

정리해 봅시다

EN Let's review JP まとめ CH 整理一下。

여러분도 방학에 여행을 많이 했습니까? 여러분의 여행 이야기를 해 보세요.

EN Did you travel a lot during the vacation? Talk about your travel.
JP 皆さんも長期休みには沢山旅行しましたか？皆さんの旅行の話をしてみてください。 CH 大家假期也去很多地方旅行了吗?请说一说你们的旅行故事。

어디에?	
언제?	
누구와 같이?	
무엇을?	

03 기숙사 생활이 재미있어요?

학/습/목/표 기숙사 생활에 대한 이야기를 듣고 이해할 수 있다.

EN Objective To be able to listen and understand one's dormitory life.
JP 学修目標 寮生活についての話を聴いて理解することが出来る。
CH 学习目标 听关于宿舍生活的对话并能理解。

준비해 봅시다

EN Let's prepare. JP 準備しましょう。 CH 准备一下。

기숙사 생활이 어떻습니까? 기숙사에서 무엇을 하지 못합니까?

EN How is living in a dormitory? What behavior is prohibited within the dormitory? JP 寮生活はどうですか？寮では何をすることが出来ませんか？ CH 宿舍生活怎么样? 在宿舍不能做什么?

들어 봅시다

EN Let's listen. JP 聴いてみましょう。 CH 请听一听。

01 듣고 맞는 대답을 고르십시오. ③ 01~04

EN Listen and choose the correct answer. JP 次の文を聴いて正しい答えを選んでください。
CH 听并选择正确的答案。

MP3 01~07

1. (   )

① 철수가 더 커요. ② 제 방이 더 커요.
③ 이 방은 철수 방이에요.

2. (　　　)

❶ 아니요, 기숙사가 더 좋아요.　　❷ 네, 기숙사가 좋아요.
❸ 네, 기숙사에서 살아요.

3. (　　　)

❶ 그래요? 주세요.　　❷ 뭔데요?
❸ 선생님께 드리고 싶어요?

4. (　　　)

❶ 기숙사는 문구점보다 넓어요.　　❷ 제 사전을 쓰십시오.
❸ 편의점이 있는데 모르셨어요?

02 듣고 맞는 것을 고르십시오. ❸ 05~07

EN Listen and choose the correct picture. JP 話を聴いて質問に答えてください。 CH 听对话并选择正确的选项。

1. 어디입니까? (　　　)

EN Where is it? JP どこですか？ CH 这是哪儿?

❶

❷

❸

2. 무엇을 하고 있습니까? (　　　)

EN What are they doing? JP 何をしていますか？ CH 在做什么?

❶

❷

❸

3. 무엇에 대해서 이야기합니까? (　　　　)

EN What are they talking about?　JP 何について話していますか？　CH 在谈论什么?

①

②

③

03 듣고 질문에 답하십시오. ❸ 08~10

EN Listen and answer the question.　JP 話を聴いて質問に答えてください。　CH 听对话并回答问题。

MP3 08~12

1. 두 사람은 왜 식당에 가지 않습니까? (　　　　)

EN Why don't they go to the cafeteria?　JP 二人はなぜ食堂に行かないのですか？　CH 两个人为什么不去餐厅?

①

②

③

2. 남자가 생각하는 생일 선물이 아닌 것을 고르십시오. (　　　　)

EN Choose the item that the man is not thinking of giving as a birthday present.
JP 男性が考えている誕生日プレゼントではないものを選んでください。　CH 请选出不是男子所想的生日礼物。

①

②

③

3. 민철 씨, 마리아 씨, 웨이 씨 기숙사 중에서 기숙사비가 비싼 순서대로 쓰십시오.

EN Of the boarding expenses of Minchul, Maria, and Wei, whose boarding expense is the most expensive? Write the names in that order.
JP ミンチョルさん、マリアさん、ウェイさんの寮を寮費が高い順に空欄に名前を書いてください。
CH 请民哲，玛丽，伟三个人的宿舍中，按照宿舍费由高到低的顺序排列。

(　　　　　　)씨 기숙사 ＞ (　　　　　　)씨 기숙사 ＞ (　　　　　　)씨 기숙사

04 듣고 질문에 답하십시오. ❸ 11~12

EN Listen and answer the question. JP 話を聴いて質問に答えてください。 CH 听并回答问题。

1. 이야기를 듣고 질문에 답하십시오.

EN Listen to the story and answer the question. JP 話を聴いて質問に答えてください。 CH 听短文并回答问题。

1) 무엇에 대한 이야기입니까? (　　　)

EN What is the announcement about? JP 何についての話ですか？ CH 在谈论什么?

① 파티　② 기숙사　③ 음식　④ 친구

2) 기숙사에서 무엇을 하지 못합니까?

EN What behavior is prohibited within the dormitory? JP 寮では何をすることが出来ませんか？ CH 在宿舍不能做什么?

①

②

③

2. 대화를 듣고 질문에 답하십시오.

EN Listen to the conversation and answer the question. JP 会話を聴いて質問に答えてください。 CH 听对话并回答问题。

1) 무엇에 대해서 이야기합니까? (　　　)

EN What are they talking about? JP 何についての話をしていますか？ CH 在谈论什么?

① 외국 생활이 처음이어서 많이 외로워요.
② 친구들과 방을 같이 쓰니까 불편해요.
③ 친구들이 있어서 기숙사 생활이 힘들지 않아요.

2) 맞는 것에 ✓표 하십시오.

EN Mark ✓ if the sentence is correct. JP 内容と合う文に✓をつけてください。 CH 在正确的上面划✓。

① 여자는 방친구들을 다 좋아합니다. (　　　)
② 안나 씨는 항상 시끄럽게 이야기합니다. (　　　)
③ 여자는 기숙사에서 처음 삽니다. (　　　)
④ 기숙사에 여자의 고향 친구들이 많습니다. (　　　)

정리해 봅시다

EN Let's review JP まとめ CH 整理一下。

여러분의 기숙사 친구들에 대해서 이야기해 봅시다.

EN Let's talk about your dormitory friends. JP 皆さんの寮の友達について話してみましょう。 CH 请说一说你们宿舍的朋友们。

	친구1	친구2
좋은점		
나쁜점		

제7과

교통

01 터미널이 어디에 있어요?

02 지하철이 빨라요

03 예술회관 앞에 내리면 돼요

01 터미널이 어디에 있어요?

학/습/목/표 길 안내를 듣고 이해할 수 있다.

EN Objective To be able to listen and understand directions.
JP 学修目標 道案内を聴いて理解することが出来る。
CH 学习目标 听关于路的介绍并能理解。

준비해 봅시다

EN Let's prepare. JP 準備しましょう。 CH 准备一下。

서울에서 어디에 가고 싶습니까? 무엇을 타고 가겠습니까?

EN Where do you want to go in Seoul? What would you ride? JP ソウルでどこに行きたいですか？ CH 你想去首尔的什么地方?你要坐什么去?

들어 봅시다

EN Let's listen. JP 聴いてみましょう。 CH 请听一听。

01 듣고 맞는 대답을 고르십시오. ❶ 01~05

EN Listen and choose the correct answer. JP 次の文を聴いて正しい答えを選んでください。
CH 听并选择正确的答案。

MP3 01~08

1. (　　　)

① 버스가 더 빨라요.　② 고속버스가 많이 있어요.
③ 저기 현대백화점 뒤에 있어요.

2. (　　　)

❶ 네, 박물관에서 가까워요.　　❷ 네, 버스로 10분쯤 걸려요.
❸ 아니요, 학교 근처에 있어요.

3. (　　　)

❶ 버스를 탈 거예요?　　❷ 지하철을 타면 편해요.
❸ 친구를 만나러 가요.

4. (　　　)

❶ 20분 쯤 걸려요.　　❷ 네, 지하철을 타세요.
❸ 4,500원 쯤 나올 거예요.

5. (　　　)

❶ 약국 앞에 있습니다.　　❷ 똑바로 가면 왼쪽에 있어요.
❸ 이 횡단보도를 건너면 골목이 있습니다.

02 무엇에 대해서 이야기하고 있습니까? 듣고 맞는 것을 고르십시오. ❶ 06~08

EN What are they talking about? Listen and choose the correct picture.
JP 何について話していますか？会話を聴いて内容と合う答えを選んでください。　CH 对话在谈论什么?听并选择正确的选项。

1. (　　　)

❶ 서울역에 가는 방법　　❷ 서울역에 가는 이유
❸ 고향 친구 소개

2. (　　　)

❶ 축구하는 곳　　❷ 월드컵경기장에 가는 방법
❸ TV 축구 경기 시간

3. (　　　)

❶ 한국편의점 위치　　❷ 서점의 위치
❸ 서울편의점 위치

03 듣고 질문에 답하십시오. ❶ 09~11

EN Listen and answer the question. JP 話を聴いて質問に答えてください。 CH 听对话并回答问题。

MP3 09~13

1. 남자는 지금 어디에 가고 싶어합니까? ( )

EN Where does the man want to go? JP 男性はどこに行きたがっていますか。 CH 男子想去哪儿?

① 터미널 ② 지하철 역 ③ 놀이공원

2. 남자는 무엇을 하고 싶어합니까? ( )

EN What does the man want to do? JP 男性は何をしたがっていますか。 CH 男子想做什么?

① 시외버스를 타고 싶어합니다. ② 용인에 빨리 가고 싶어합니다.
③ 버스에서 경치를 구경하고 싶습니다.

3. 두 사람은 지금 어디에 갑니까? 왜 갑니까?

EN Where are the two people going and Why? JP 二人は今どこに行きますか。なぜ行きますか。 CH 两个人在去哪儿? 为什么去?

__________________어서/아서/여서 __________________에 갑니다.

04 듣고 질문에 답하십시오. ❶ 12~13

EN Listen and answer the question. JP 話を聴いて質問に答えてください。 CH 听并回答问题。

1. 이야기를 듣고 질문에 답하십시오.

EN Listen to the story and answer the question. JP 話を聴いて質問に答えてください。 CH 听短文并回答问题。

1) 이 사람은 무엇을 알고 싶어합니까? ( )

EN What does this person want to know? JP この人は何を知りたいと思っていますか？ CH 这个人想知道什么?

① 월드컵경기장의 위치
② 홍대의 위치
③ 축구 경기 시작 시간

2) 맞는 것에 ✓ 표 하십시오.

EN Mark ✓ if the sentence is correct. JP 内容と合う文に✓をつけてください。 CH 在正确的选项上划✓。

① 영수 씨가 축구 경기를 좋아합니다. ( )
② 토요일 저녁에 축구 경기가 있습니다. ( )
③ 영수 씨가 친구들을 보고 싶어합니다. ( )

2. 대화를 듣고 질문에 답하십시오.

EN Listen to the conversation and answer the question. JP 会話を聴いて質問に答えてください。 CH 听对话并回答问题。

1) 두 사람은 무엇에 대해서 이야기를 하고 있습니까? (   )

EN What are the two people talking about? JP 2人は何について話していますか？ CH 两个人正在谈论什么?

① 여행지에 가는 방법과 걸리는 시간
② 여행사의 위치와 가는 방법
③ 여행지에서 구경하고 싶은 것

2) 웨이 씨 부모님이 방학에 한국에 오십니다. 웨이 씨는 어디에 갑니까? 그리고 어떻게 갑니까? 맞는 것에 ✓ 표 하십시오.

EN Wei's parents are coming to Korea for vacation. Where is Wei going? How is he going there? Mark ✓ next to the correct answer.
JP ウェイさんの両親が今度の長期休暇に韓国に来ます。ウェイさんはどこに行きますか？そしてどのように行きますか？内容と合っているものに✓をつけてください。
CH 伟的父母假期要来韩国。伟要去哪儿?要怎么去?在正确的上面划✓。

여행지		교통편		걸리는 시간		타는 곳	
제주도		기차		1시간 50분		인천공항	
부산		비행기		50분		김포공항	

정리해 봅시다

EN Let's review JP まとめ CH 整理一下。

방학에 친구들이 어디에 갔습니까? 어떻게 갔습니까?

EN Where did your friends go during the vacation? How did they go there? JP 長期休みに友人がどこに行きましたか。どうやって行きましたか。
CH 假期朋友们去哪儿了?怎么去的?

	친구1	친구2	친구3
여행지			
교통편			
걸린 시간			

02 지하철이 빨라요

학/습/목/표 교통 수단에 대한 이야기를 듣고 이해할 수 있다.

EN Objective To be able to listen and understand a description about transportation.
JP 学修目標 交通手段についての話を聴いて理解することが出来る。
CH 学习目标 听关于交通工具的对话并能理解。

준비해 봅시다

EN Let's prepare. JP 準備しましょう。 CH 准备一下。

한국에서 어떤 교통 수단을 자주 이용합니까?

EN What kind of transportation do you use in Korea? JP 韓国ではどんな交通手段をよく利用しますか？ CH 你在韩国经常使用什么交通工具?

어떤 교통 수단이 빠릅니까? 편합니까?

EN What transportation is fast? And what transportation is convenient? JP どんな交通手段が速いですか？移動が楽ですか？
CH 什么交通工具快? 什么交通工具方便?

들어 봅시다

EN Let's listen. JP 聴いてみましょう。 CH 请听一听。

01 듣고 맞는 대답을 고르십시오. 2 01~05

EN Listen and choose the correct answer. JP 次の文を聴いて正しい答えを選んでください。
CH 听并选择正确的答案。

MP3 01~08

1. (   )

① 주말에 갈까요? ② 시외버스로 가요?
③ 놀이공원까지 뭘 타고 가요?

2. (　　　)

① 비행기가 빨라요.
② 고속버스가 편했어요?
③ 케이티엑스(KTX)가 편한 것 같아요.

3. (　　　)

① 지하철로 가세요.
② 친구들과 같이 갈 거예요.
③ 가족과 같이 오는 사람이 많아요.

4. (　　　)

① 언제 갈 거예요?
② 친구들과 같이 갈 거예요.
③ 유람선을 타러 갑시다.

5. (　　　)

① 버스나 지하철을 타세요.
② 오늘 지하철을 타고 왔어요.
③ 지하철이 빠르지만 사람이 많아요.

02 무엇에 대해서 이야기하고 있습니까? 듣고 맞는 것을 고르십시오. ❷ 06~08

EN What are the two people talking about? Listen and choose the correct one.
JP 何について話していますか？会話を聴いて内容と合う答えを選んでください。 CH 在谈论什么?听对话选择正确的答案。

1. (　　　)

① 정류장이 어디에 있어요?
② 지하철을 어떻게 타요?
③ 롯데월드에 어떻게 가요?

2. (　　　)

① 부산에 기차로 가면 어때요?
② 기차표를 어디에서 사요?
③ 부산에서 어디를 구경할 거예요?

3. (　　　)

① 주말 약속
② 만날 장소 약속
③ 오후 약속

03 듣고 질문에 답하십시오. ❷ 09~11

EN Listen and answer the question. JP 話を聴いて質問に答えてください。 CH 听对话并回答问题。

MP3 09~13

1. 두 사람은 약속 장소에 무엇을 타고 갈까요? (　　　)

EN What will the two people ride to go to the appointment? JP 2人は待ち合わせ場所に何に乗っていきますか？
CH 两个人会坐什么去约定地点呢?

① 지하철　　② 택시　　③ 뛰어서

2. 이 남자는 왜 여행사에 왔습니까? (　　　)

EN Why did the man go to a travel agency? JP この男性はなぜ旅行会社に来ましたか？ CH 这个男子为什么来旅行社?

① 비행기 표를 사러 왔습니다.　　② 관광 방법을 물어보러 왔습니다.
③ 여행사에서 일하는 친구를 만나러 왔습니다.

3. 여자는 내일 어디에서 무엇을 할까요?

EN What is the woman going to do tomorrow? and where is she going to do it? JP 女性は明日どこで何をしますか？
CH 女子明天会在什么地方、做什么呢?

__________________ 에서 __________________ 을/ㄹ 거예요.

04 듣고 질문에 답하십시오. ❷ 12~13

EN Listen and answer the question. JP 話を聴いて質問に答えてください。 CH 听并回答问题。

1. 이야기를 듣고 질문에 답하십시오.

EN Listen to the story and answer the question. JP 話を聴いて質問に答えてください。 CH 听短文并回答问题。

1) 무엇에 대한 이야기입니까? (　　　)

EN What is this narrative about? JP 何についての話ですか？ CH 在谈论什么?

① 토요일 일기
② 지하철역 풍경
③ 야구 경기 결과

2) 맞는 것에 ✓ 표 하십시오.

EN Mark ✓ if the sentence is correct. JP 内容と合う文に✓をつけてください。 CH 在正确的选项上划✓。

① 토요일 저녁에 야구경기가 있었습니다. (　　　)
② 야구장에 1번 버스를 타고 갔습니다. (　　　)
③ 야구장에 사람이 많아서 구경을 잘 못했습니다. (　　　)

2. 대화를 듣고 질문에 답하십시오.

EN Listen to the conversation and answer the question. JP 会話を聴いて質問に答えてください。 CH 听对话并回答问题。

1) 남자는 여행사에 왜 전화했습니까? (　　　　)

EN Why did the man call the traven agency? JP 男性はなぜ旅行社に電話しましたか？ CH 男的为什么给旅行社打电话?

① 침대가 있는 호텔을 예약하고 싶어서
② 부산에 가는 기차표를 사고 싶어서
③ 제주도에 가는 배표를 예약하고 싶어서

2) 맞는 것에 ✓ 표 하십시오.

EN Mark ✓ if the sentence is correct. JP 内容と合っているものに✓をつけてください。 CH 在正确的选项上划✓。

출발일		출발 시간		도착 시간		방 종류	
다음주 금요일		저녁 6시		아침 6시		3인실 침대방	
이번주 금요일		저녁 7시		아침 7시		4인실 침대방	

정리해 봅시다

EN Let's review JP まとめ CH 整理一下。

여러분의 부모님이 한국에 오시면 어디에 가고 싶습니까? 뭘 타고 갈 거예요?

EN If your parents were to come to Korea, where would you take them? What would you ride to get there?
JP 皆さんの両親が韓国に来たらどこに行きたいですか？何に乗っていきますか？ CH 大家的父母来韩国的话想去哪儿?坐什么去呢?

03 예술회관 앞에 내리면 돼요

학/습/목/표 약속 장소에 대한 이야기를 듣고 이해할 수 있다.

EN Objective To be able to listen and understand a description about appointment locations.
JP 学修目標 約束した場所についての話を聴いて理解することが出来る。
CH 学习目标 听关于约定地点的对话并能理解。

준비해 봅시다

EN Let's prepare. JP 準備しましょう。 CH 准备一下。

인천에서 어디에 갔습니까?

EN Where in Incheon did you go? JP 仁川でどこに行きましたか。 CH 从仁川去哪儿了?

거기까지 어떻게 갔습니까?

EN How did you get there? JP そこまでどうやって行きましたか？ CH 怎么去的那儿?

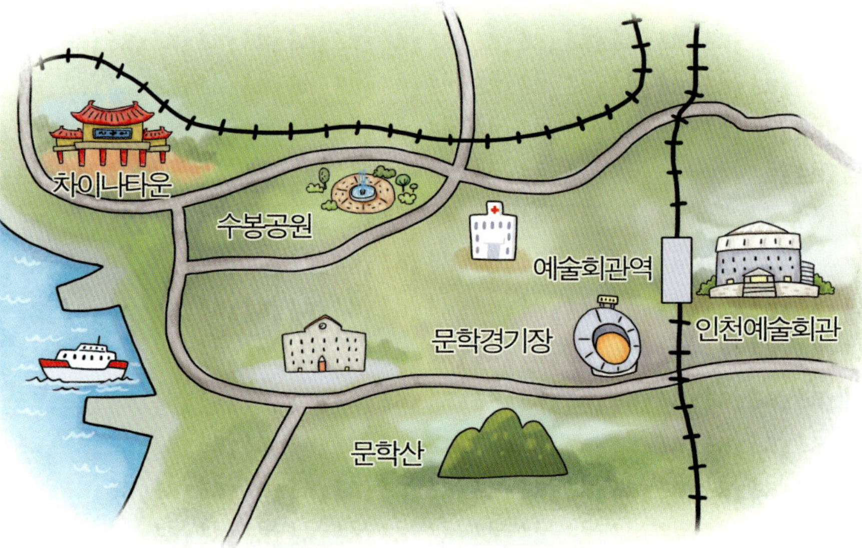

들어 봅시다

EN Let's listen. JP 聴いてみましょう。 CH 请听一听。

01 듣고 맞는 대답을 고르십시오. 3 01~05

EN Listen and choose the correct answer. JP 次の文を聴いて正しい答えを選んでください。
CH 听并选择正确的答案。

MP3 01~08

1. (　　　)

① 버스에 사람이 많습니다　　② 버스 정류장이 멉니다.
③ 저쪽으로 가서 택시를 탈까요?

2. (   )

① 저쪽으로 갈게요. ② 기숙사 앞에서 내렸어요.
③ 연세대학교 국제캠퍼스로 갑시다.

3. (   )

① 아니요, 들어가지 마세요. ② 아니요, 안에서 내립니다.
③ 네, 학교 밖으로 나갑시다.

4. (   )

① 뛰어가는 것 같아요. ② 약속이 있는 것 같아요.
③ 이쪽으로 뛰어갔어요.

5. (   )

① 숙제가 많지 않아요? ② 저는 도서관에서 공부할 거예요.
③ 오늘은 바쁜데 내일 같이 할까요?

02 듣고 맞는 것을 고르십시오. ③ 06~08

EN Listen and choose the correct answer. JP 話を聴いて質問に答えてください。 CH 听对话并选择正确的选项。

1. 어떤 상황입니까? (   )

EN What kind of situation is this? JP どんな状況ですか？ CH 是什么样的情况?

①

②

③

2. 어떤 상황입니까? (   )

EN What kind of situation is this? JP どんな状況ですか？ CH 是什么样的情况?

①

②

③

3. 무엇에 대해서 이야기하고 있습니까? (　　　　)

EN What are they talking about?　JP 何について話していますか？　CH 正在谈论什么?

① 저녁을 먹고 갑시다.　② 내일 만날까요?
③ 학교에서 공부합시다.

03 듣고 질문에 답하십시오. ③ 09~11

EN Listen and answer the question.　JP 話を聴いて質問に答えてください。　CH 听对话并回答问题。

MP3 09~13

1. 이 사람들은 일요일에 무엇을 할까요? (　　　　)

EN What will these people do on Sunday?　JP この人たちは日曜日に何をしますか？　CH 他们星期日会做什么呢?

① 지하철 여행　② 등산　③ 파티

2. 여자의 집은 어디입니까? (　　　　)

EN Where is the woman's house?　JP 女性の家はどこですか？　CH 女子的家在什么地方?

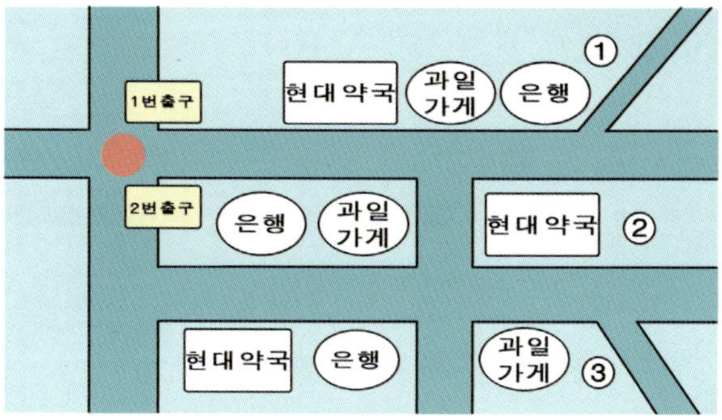

3. 하하식당은 어디입니까? (　　　　)

EN Which one is the restaurant Haha?　JP ハハ食堂はどこですか？　CH 哈哈餐厅在哪儿?

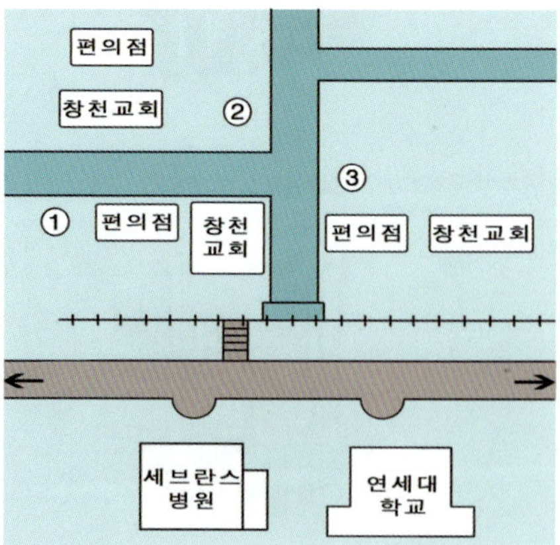

04 듣고 질문에 답하십시오. ③ 12~13

EN Listen and answer the question. JP 話を聴いて質問に答えてください。 CH 听并回答问题。

1. 이야기를 듣고 질문에 답하십시오.

EN Listen and answer the question. JP 話を聴いて質問に答えてください。 CH 听短文并回答问题。

1) 무엇에 대한 이야기입니까? (   )

EN What is this narrative about? JP 何についての話ですか？ CH 在谈论什么?

① 어디에서 콘서트를 합니까?

② 콘서트장 앞에서 만납시다.

③ 같이 콘서트를 보러 갑시다.

2) 맞는 것에 ✓표 하십시오.

EN Mark ✓ if the sentence is correct. JP 内容と合う文に✓をつけてください。 CH 在正确的选项上划✓。

① 내일 예술회관에 가수들이 옵니다. (   )

② 예술회관 앞까지 가는 지하철이 있습니다. (   )

③ 콘서트는 여섯 시에 시작합니다. (   )

2. 대화를 듣고 질문에 답하십시오.

EN Listen and answer the question. JP 会話を聴いて質問に答えてください。 CH 听对话并回答问题。

1) 두 사람은 무엇에 대해서 이야기를 하고 있습니까? (   )

EN What are the two people talking about? JP 2人は何について話していますか？ CH 两个人正在谈论什么?

① 친구를 소개하고 싶어요.

② 같이 공부합시다.

③ 기숙사에서 만나요.

2) 맞는 것에 ✓표 하십시오.

EN Mark ✓ if the sentence is correct. JP 内容と合っているものに✓をつけてください。 CH 在正确的选项上划✓。

친구 집		동		호		약속 시간	
한국 아파트		110동		610호		6 시	
서울 아파트		107동		605호		5 시	

정리해 봅시다

EN Let's review JP まとめ CH 整理一下。

보통 어디에서 친구를 만납니까? 그 곳이 어디에 있습니까?

EN Where do you usually meet your friends? Where is that place? JP 普段どこで友達に会いますか。その場所はどこにありますか。
CH 你一般在什么地方见朋友?那个地方在哪儿?

제8과

전화

01 전화번호 좀 가르쳐 주세요

02 휴대 전화로 영화를 볼 수 있어요

03 잠깐만 기다리세요

01 전화번호 좀 가르쳐 주세요

학/습/목/표 전화번호를 정확히 들을 수 있다.

EN Objective To be able to hear a phone number.
JP 学修目標 電話番号を正確に聴くことが出来る。
CH 学习目标 能准确地听懂电话号码。

준비해 봅시다

EN Let's prepare. JP 準備しましょう。 CH 准备一下。

한국말로 자주 전화합니까? 누구에게 전화합니까?

EN Do you often speak Korean on the phone? Who do you call? JP 韓国語でよく電話しますか？どこに／誰に電話しますか？
CH 你经常用韩语打电话吗?给谁打电话?

전화번호를 알고 싶으면 어떻게 말합니까?

EN What would you say if you want to know a phone number. JP 電話番号を知りたいときはどのように尋ねますか？
CH 如果你想知道电话号码会怎么说?

들어 봅시다

EN Let's listen. JP 聴いてみましょう。 CH 请听一听。

01 듣고 맞는 대답을 고르십시오. 1 01~04

EN Listen and choose the correct answer. JP 次の文を聴いて正しい答えを選んでください。
CH 听并选择正确的答案。

MP3 01~07

1. (　　　)

① 네, 그런데요.
② 정희 씨인데요.
③ 아니요, 저 아닌데요.

2. (　　　)

① 계세요?　　② 철수가 없어요?
③ 실례지만 누구세요?

3. (　　　)

① 안녕하세요? 아닌데요.　　② 잘못 거셨습니다.
③ 그렇습니까?

4. (　　　)

① 공일공 이일이삼의 삼사칠사예요.　　② 나중에 다시 걸겠습니다.
③ 지금 안 계신데요.

02 무엇에 대해서 이야기하고 있습니까? 듣고 맞는 것을 고르십시오. ❶ 05~07

EN What are they talking about? Listen and choose the correct answer. JP 何についての話をしていますか？
CH 在谈论什么?听对话并选择正确的选项。

1. (　　　)

① 밍밍 씨 전화번호　　② 마이클 씨 전화번호
③ 리에 씨 전화번호

2. (　　　)

① 점심 약속　　② 운동
③ 주말 약속　　④ 식당

3. (　　　)

① 방이 불편해요.　　② '안내' 전화가 몇 번이에요?
③ '여행사' 전화번호를 가르쳐주세요.

03 듣고 질문에 답하십시오. 🔊 ❶ 08~10

EN Listen and answer the question. JP 会話を聴いて質問に答えてください。 CH 听对话并回答问题。

MP3 08~12

1. 전화번호가 몇 번입니까? (　　　)

EN What is the phone number? JP 電話番号は何番ですか？ CH 电话号码是多少?

① 2424-7821　② 2324-7812　③ 2323-7812

2. 남자는 몇 번에 전화를 걸었습니까? (　　　)

EN What number did the man call? JP 男性は何番に電話をかけましたか？ CH 男子给什么号码打的电话?

① 2756-8519　② 2756-8219　③ 2156-8519

3. 듣고 내용과 다른 것을 고르십시오. (　　　)

EN Listen and choose the incorrect sentence. JP メッセージを聴いて内容と合っていないものを選んでください。 CH 听对话并选出与所内容不同的选项。

① 남자는 조금 전에 전화를 했습니다.
② 남자는 가방을 잃어버렸습니다.
③ 남자는 지금 휴대 전화가 없습니다.

04 듣고 질문에 답하십시오. 🔊 ❶ 11~12

EN Listen and answer the question. JP 話を聴いて質問に答えてください。 CH 听并回答问题。

1. 대화를 듣고 질문에 답하십시오.

EN Listen to the conversation and answer the question. JP 会話を聴いて質問に答えてください。 CH 听对话回答问题。

1) 누가 누구에게 왜 전화합니까? 쓰십시오.

EN Who is calling whom? Write. JP 誰が誰になぜ電話をしましたか？書いてください。 CH 谁给谁打电话?为什么?请写一写。

① 누가?	
② 누구에게?	
③ 왜?	

2) 맞는 것에 ✓ 표 하십시오.

EN Mark ✓ if the sentence is correct. JP 内容と合う文に✓をつけてください。 CH 在正确的上面划✓。

① 마리아 씨 집 전화번호는 010-1234-1004입니다. (　　　)
② 웨이 씨는 아르바이트를 해서 저녁에는 바쁩니다. (　　　)
③ 마리아 씨에게 저녁 9시 반에 전화하면 좋습니다. (　　　)
④ 웨이 씨와 정희 씨는 내일 학교에서 만날 거예요. (　　　)

2. 이야기를 듣고 질문에 답하십시오.

EN Listen to the story and answer the question. JP 話を聴いて質問に答えてください。 CH 听短文并回答问题。

1) 무엇에 대한 이야기입니까? (　　　　)

EN What is this narrative about? JP 何について話していますか？ CH 在谈论什么?

① 전화 안내원　　② 여러 가지 전화 서비스(service)
③ 휴대 전화 사용 방법　　④ 소풍과 날씨

2) 그림과 관계있는 전화번호를 쓰십시오.

EN Write down phone numbers related with each picture. JP 絵と関係ある電話番号を書いてください。
CH 请写一写与图片相关的电话号码。

①

(　　　　　　　)

②

(　　　　　　　)

③

(　　　　　　　)

④

(　　　　　　　)

3) 여러분은 어디에 전화를 했습니까? 왜 했습니까?

EN Where did you call? Why did you call? JP 皆さんはどこに電話をしましたか？なぜしましたか。 CH 大家给谁打了电话? 为什么打电话?

정리해 봅시다

EN Let's review JP まとめ CH 整理一下。

여러분 나라에도 위와 같은 특별한 전화 서비스가 있지요? 전화번호가 몇 번이에요?

EN What are the numbers of special phone services in your country?
JP 皆さんの国にも上と同じ特別な電話サービスはありますか？電話番号は何番ですか？
CH 你们的国家也有和上面类似的特殊电话服务吧? 电话号码是多少?

전화 서비스	전화번호
화재 신고	

02 휴대 전화로 영화를 볼 수 있어요

학/습/목/표 전화 용건을 듣고 이해할 수 있다.

EN Objective To be able to listen and understand the purpose of a call.
JP 学修目標 電話の用件を聴いて理解することが出来る。
CH 学习目标 听打电话的理由并能理解。

준비해 봅시다

EN Let's prepare. JP 準備しましょう。 CH 准备一下。

휴대 전화로 무엇을 할 수 있습니까?

EN What can do you with a cellular phone? JP 携帯電話で何をすることが出来ますか？ CH 用手机可以做什么?

휴대 전화의 좋은 점과 나쁜 점을 이야기해 봅시다.

EN Let's talk about the pros and cons of a cellular phone. JP 携帯電話の良いところと悪いところを話してみましょう。 CH 请说一说手机的优点和缺点。

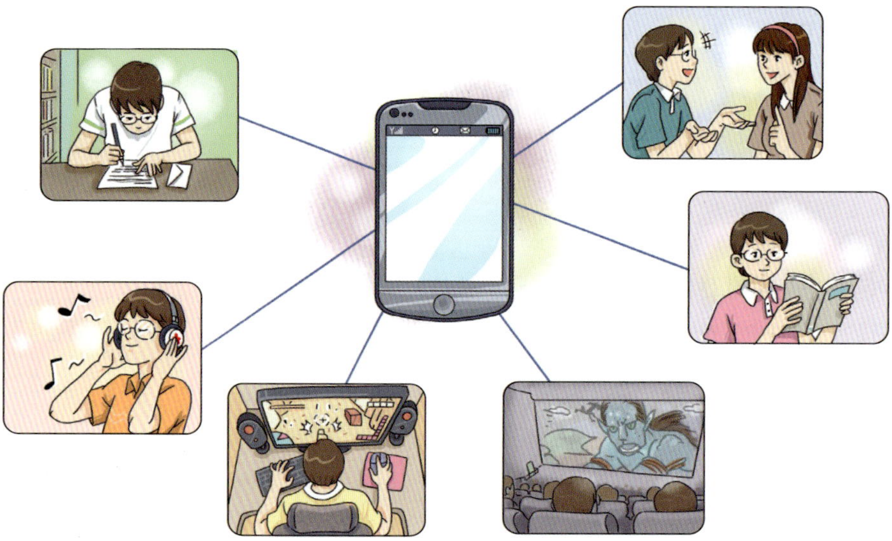

들어 봅시다

EN Let's listen. JP 聴いてみましょう。 CH 请听一听。

01 듣고 맞는 대답을 고르십시오. ❷ 01~05

EN Listen and choose the correct answer. JP 次の文を聴いて正しい答えを選んでください。
CH 听并选择正确的答案。

MP3 01~08

1. (   )

① 민수 씨가 전화 받았어요. ② 민수 씨한테 전화했어요.
③ 어젯밤에 전화 왔어요.

2. (   )

❶ 내일 전화하세요. ❷ 내일 전화할게요.
❸ 내일 전화해 주십시오.

3. (   )

❶ 네, 만나십시오. ❷ 네, 만나는데요.
❸ 네, 괜찮아요.

4. (   )

❶ 괜찮아요. ❷ 네, 그럴게요.
❸ 네, 전화해 주세요.

5. (   )

❶ 문자가 왔어요? ❷ 영화를 볼게요.
❸ 게임을 할 거예요.

02 듣고 맞는 것을 고르십시오. ❷ 06~08

EN Listen and choose the correct picture. JP 話を聴いて質問に答えてください。 CH 听对话并选择正确的选项。

1. 무엇을 하고 있습니까? (   )

EN What are they doing? JP 何をしていますか？ CH 在做什么?

❶

❷

❸

2. 무엇에 대해서 이야기 합니까? (   )

EN What are they talking about? JP 何についての話をしていますか？ CH 在谈论什么?

❶

❷

❸

3. 남자는 어디에 있습니까? (   )

EN Where is the man? JP 男性はどこにいますか？ CH 男子在哪儿?

①

②

③

03 듣고 질문에 답하십시오. 🔊 ② 09~11

EN Listen and answer the question. JP 話を聴いて質問に答えてください。 CH 听并回答问题。

MP3 09~13

1. 듣고 맞는 것을 고르십시오. (   )

EN Listen and choose the correct statement. JP 会話を聴いて内容と合うものを選んでください。 CH 听对话并选择正确的选项。

① 여자는 호텔에서 일합니다.
② 여자는 1509호 손님과 통화했습니다.
③ 1509호 손님은 지금 다른 사람과 전화를 하고 있습니다.

2. 여자는 무엇을 알고 싶어서 전화했습니까? (   )

EN What did the woman call to know about? JP 女性はなぜ電話しましたか？ CH 女子想知道什么打的电话?

① 내일 어디에 가요?
② 내일 날씨가 어때요?
③ 내일 뭘 가지고 가요?

3. 여자는 남자에게 왜 전화했습니까? (   )

EN Why did the woman call the man? JP 女性は男性になぜ電話しましたか？ CH 女子为什么给男子打电话?

① 중국 음식을 먹고 싶어서 전화했습니다.
② 남자가 송별회를 해서 전화했습니다.
③ 스즈키 씨가 고향에 돌아가기 전에 모이려고 전화했습니다.

04 듣고 질문에 답하십시오. ❷ 12~13

EN Listen and answer the question. JP 話を聴いて質問に答えてください。 CH 请回答问题。

1. 대화를 듣고 질문에 답하십시오.

EN Listen to the conversation and answer the question. JP 会話を聴いて質問に答えてください。 CH 听对话并回答问题。

1) 여자는 언제 누구와 영화를 보러 갑니까? 어디에서 몇 시에 만납니까? 빈 칸을 채우십시오.

EN When and with whom is the woman going see a movie? Where and when do they meet? Fill in the blanks.
JP 女性は誰と映画を見に行きますか？空欄を埋めてください。 CH 女子什么时候,和谁去看电影?在哪儿几点见?请填空。

언제?	누구와?	약속 장소	약속 시간

2) 왜 아침 일찍 영화를 봅니까? (   )

EN Why do they go seeing a movie early in the morning? JP なぜ朝早く映画を見ますか？ CH 为什么一大早去看电影?

① 늦게 가면 극장에 사람이 많아서
② 일찍 영화를 보면 값이 싸서
③ 아침 시간에 하는 영화가 재미있어서

2. 대화를 듣고 질문에 답하십시오.

EN Listen to the conversation and answer the question. JP 会話を聴いて質問に答えてください。 CH 听对话并回答问题。

1) 여자는 왜 남자를 만나러 왔습니까? (   )

EN Why did the woman come to see the man? JP 女性はなぜ男性に会いに来ましたか？ CH 女子为什么去见男子?

① 같이 휴대 전화를 사러 가려고
② 같이 영화를 보고 싶어서
③ 같이 시험공부를 하고 싶어서

2) 남자의 휴대 전화로 무엇을 할 수 있습니까? 모두 쓰십시오.

EN What can be done with the man's cellular phone? Write. JP 男性の携帯電話で何が出来るですか。
CH 请写一写用男子手机可以做的事情。

① ____________________
② ____________________
③ ____________________
④ ____________________

정리해 봅시다

EN Let's review JP まとめ CH 整理一下。

여러분 나라에서는 휴대 전화로 무엇을 할 수 있어요?

EN What can be done with a cellular phone in your country? JP 皆さんの国では携帯電話で何をすることが出来ますか？
CH 在你们的国家用手机能做什么?

03 잠깐만 기다리세요

학/습/목/표 전화 받을 수 없는 상황을 듣고 이해할 수 있다.

EN Objective To be able to listen and understand about a situation for not picking up the phone.
JP 学修目標 電話を受けれない状況を聴いて理解することが出来る。
CH 学习目标 能听懂并理解不能接电话的情况。

준비해 봅시다

EN Let's prepare. JP 準備しましょう。 CH 准备一下。

친구 집에 전화했는데 친구 어머니께서 전화를 받으셨습니다. 친구와 통화하고 싶으면 어떻게 말합니까?

EN You called your friend's home to speak to your friend, and your friend's mother answered the phone. What would you say to her to speak to your friend?
JP 友達の家に電話をしたら友達のお母さんが電話に出ました。友達と話をしたい時はどう言いますか？
CH 给朋友家打电话，但是是朋友的妈妈接的电话。如果你想跟朋友说话应该怎么说?

언제 전화를 받을 수 없습니까?

EN When can't you answer the phone? JP いつ電話に出ることが出来ませんか？ CH 什么时候不能接电话?

들어 봅시다

EN Let's listen. JP 聴いてみましょう。 CH 请听一听。

01 듣고 맞는 대답을 고르십시오. ③ 01~05

EN Listen and choose the correct answer. JP 次の文を聴いて正しい答えを選んでください。
CH 听并选择正确的答案。

MP3 01~08

1. (　　　)

① 네, 철수 씨에게 부탁하세요. ② 네, 그런데요.
③ 잠깐만 기다리세요.

2. ( )

① 전화 받으세요.
② 네, 말씀하세요.
③ 네, 전화 바꿨습니다.

3. ( )

① 지금 자고 있는데요.
② 네, 바꿔 주세요.
③ 30분 후에 다시 걸게요.

4. ( )

① 네, 전화 받으세요.
② 네, 그럴게요.
③ 네, 무슨 일이세요?

5. ( )

① 끊어요.
② 통화중이에요.
③ 네, 부탁드립니다.

02 무엇에 대해서 이야기 합니까? 듣고 맞는 것을 고르십시오. ❸ 06~08

EN What are they talking about? Listen and choose the correct answer. JP 何についての話をしていますか？
CH 在谈论什么？听对话并选择正确的选项。

1. ( )

① 교과서
② 수업
③ 시험

2. ( )

① 급한 회사일
② 메시지를 남기는 방법
③ 전화를 받지 못하는 이유

3. ( )

① 오늘 날씨가 춥습니다
② 여자는 전화를 받을 수 없습니다
③ 여자는 오늘 학교에 오지 못합니다

03 듣고 질문에 답하십시오. 3 09~11

EN Listen and answer the question. JP 話を聴いて質問に答えてください。 CH 听对话并回答问题。

MP3 09~13

1. 밍밍 씨는 지금 어디에 있습니까? (   )

EN Where is Mingming now? JP ミンミンさんは今どこにいますか？ CH 明明现在在哪儿?

① 
② 
③ 

2. 듣고 맞는 것에 ✓ 표 하십시오.

EN Listen and mark ✓ if the sentence is correct. JP 次の話を聴いて内容と合う文に✓をつけてください。
CH 听对话并在正确的上面划✓。

① 안나는 기숙사에 삽니다. (   )
② 에릭 씨가 전화를 받았습니다. (   )
③ 안나 씨는 도서관에 있습니다. (   )

3. 마리아는 왜 오늘 영화를 보러 가지 못합니까? (   )

EN Why can't Maria go seeing a movie today? JP マリアさんはなぜ今日映画を見に行けないのですか？ CH 玛利亚今天为什么不能去看电影?

① 민호 씨가 집에 없어서
② 전화가 고장 나서
③ 부모님이 오셔서

04 듣고 질문에 답하십시오. 3 12~13

EN Listen and answer the question. JP 話を聴いて質問に答えてください。 CH 听对话并回答问题。

1. 대화를 듣고 질문에 답하십시오.

EN Listen to the conversation and answer the question. JP 会話を聴いて質問に答えてください。 CH 听对话并回答问题。

1) 누가 누구에게 왜 전화했습니까? 쓰십시오.

EN Who called whom? Write. JP 誰が誰に、なぜ電話しましたか？書いてください。 CH 谁给谁、因为什么打电话? 请写一写。

① ____________________ 이/가
② ____________________ 에게
③ ____________________ 때문에 전화했습니다.

2) 남자는 지금 무엇을 합니까? (   )

EN What is the man doing now? JP 男性は今何をしていますか？ CH 男子现在在做什么?

① 

② 
③ 

3) 맞는 것에 ✓ 표 하십시오.

EN Mark ✓ if the sentence is correct. JP 内容と合う文に✓をつけてください。 CH 在正确的选项上划✓。

① 한국 팀과 영국 팀이 지금 축구 경기를 하고 있습니다. (　　)

② 두 사람은 나중에 다시 통화할 것 같습니다. (　　)

2. 대화를 듣고 질문에 답하십시오.

EN Listen to the conversation and answer the question. JP 会話を聴いて質問に答えてください。 CH 听对话并回答问题。

1) 남자가 여자에게 제일 하고 싶은 말은 무엇입니까? (　　)

EN What is the most important thing that the man wants to say to the woman? JP 男性が女性に一番言いたかった事はなんですか？
CH 男子最想对女子说的话是什么?

① 왜 전화를 안 받았어요?　② 김 선생님이 결혼해요.
③ 연세대학교에 놀러 갑시다.

2) 여자는 왜 전화를 늦게 받았습니까? (　　)

EN Why was she late to answer the phone? JP 女性はなぜ電話に出るのが遅くなりましたか？ CH 女子为什么接电话晚了?

① 음악을 듣고 있어서　② 음식을 만들고 있어서
③ TV를 보고 있어서

3) 맞는 것에 ✓ 표 하십시오.

EN Mark ✓ if the sentence is correct. JP 内容と合う文に✓をつけてください。 CH 选择正确的划✓。

① 남자와 여자는 내일 2시에 만날 거예요. (　　)

② 여자는 오후 4시쯤 음악을 듣고 있었습니다. (　　)

③ 여자는 오전에 집에 없었습니다. (　　)

④ 내일 두 사람은 결혼식에 갈 거예요. (　　)

정리해 봅시다

EN Let's review JP まとめ CH 整理一下。

친구 전화를 못 받은 적이 있어요? 무엇을 하고 있었어요? 무엇 때문에 못 받았어요?

EN Have you ever not answered your friend's phone call? What were you doing? Why didn't you answer the phone?
JP 友達の電話に出れなかった事がありますか？何をしていましたか？どうして出れませんでしたか？
CH 你有没有没能接到朋友电话的经历? 当时在做什么? 为什么没接到电话?

제9과

날씨와 계절

01 비가 그치면 갑시다
02 어느 계절을 좋아하세요?
03 스키를 타러 갈까요?

01 비가 그치면 갑시다

학/습/목/표 날씨에 대한 이야기를 듣고 이해할 수 있다.

EN Objective To be able to listen and understand a description about weather.

JP 学修目標 天気についての話を聴いて理解することが出来る。

CH 学习目标 能听懂并理解有关天气的对话。

준비해 봅시다

EN Let's prepare. JP 準備しましょう。 CH 准备一下。

오늘 날씨가 어떻습니까?

EN How is the weather today? JP 今日の天気はどうですか? CH 今天的天气怎么样?

어떤 날씨를 좋아합니까?

EN What weather do you like? JP どの天気が好きですか? CH 你喜欢什么样的天气?

들어 봅시다

EN Let's listen. JP 聴いてみましょう。 CH 请听一听。

01 듣고 맞는 대답을 고르십시오. ❶ 01~05

EN Listen and choose the correct answer. JP 次の文を聴いて正しい答えを選んでください。
CH 听并选择正确的答案。

MP3 01~08

1. (   )

① 비가 그치면 갑시다. ② 자전거를 못 타요?

③ 눈이 오니까 좋지요?

2. (   )

① 네, 열면 돼요. ② 아니요, 여세요.
③ 아니요, 바람이 불어요.

3. (   )

① 흐린데요. ② 안개가 낀 날씨를 좋아해요.
③ 바람이 조금 불었지만 좋았어요.

4. (   )

① 날씨가 괜찮으면 좋아요. ② 남산에 가면 탈 수 있어요.
③ 서울 시내를 다 볼 수 있어요.

5. (   )

① 비가 온 후에 날씨가 갰어요. ② 경치가 아름다우면 좋을 것 같아요.
③ 저는 비가 조금 오는 날씨가 좋아요.

02 무엇에 대해서 이야기하고 있습니까? 듣고 맞는 것을 고르십시오. ❶ 06~08

EN What are they talking about? Listen and choose the correct answer.
JP 何について話していますか？会話を聴いて内容と合う答えを選んでください。 CH 在谈论什么?听对话并选择正确的答案。

1. (   )

① 내일 약속 ② 등산 방법
③ 저녁 계획

2. (   )

① 63빌딩 소개 ② 주말 이야기
③ 한강 이야기

3. (   )

① 친구 이야기 ② 날씨 이야기
③ 우산 이야기

03 듣고 질문에 답하십시오. 1 09~11

EN Listen and answer the question. JP 話を聴いて質問に答えてください。 CH 听对话并回答问题。

MP3 09~13

1. 여자는 왜 지금 기숙사에 가지 않습니까? (　　　)

EN Why does the woman not go to the dormitory now? JP 女性はなぜ今寮に行きませんか？ CH 女子现在为什么不回宿舍?

① 공부가 재미있어서　② 배가 고파서　③ 우산이 없어서

2. 여자는 날씨가 좋으면 무엇을 합니까? (　　　)

EN What does the woman do in good weather? JP 女性は天気がよければ何をしますか？ CH 如果天气好, 女的做什么?

① 자전거를 탑니다.　② 달리기를 합니다.　③ 공원에서 산책을 합니다.

3. 두 사람은 어디에 가려고 했습니까?

EN Where did they want to go? JP 二人はどこに行こうとしていましたか？ CH 两个人本来想去什么地方?

____

04 듣고 질문에 답하십시오. 1 12~13

EN Listen and answer the question. JP 話を聴いて質問に答えてください。 CH 听并回答问题。

1. 이야기를 듣고 질문에 답하십시오.

EN Listen to the story and answer the question. JP 話を聴いて質問に答えてください。 CH 听短文并回答问题。

1) 무엇에 대한 이야기입니까? (　　　)

EN What is this narrative about? JP 何についての話ですか？ CH 这是关于什么的短文?

① 오전에 비가 왔어요.　② 63빌딩에 수족관이 있어요.
③ 날씨가 좋아서 경치를 잘 볼 수 있었어요.

2) 맞는 것에 ✓ 표 하십시오.

EN Mark ✓ if the sentence is correct. JP 内容と合う文に✓をつけてください。 CH 在正确的选项上划✓。

① 오후에 비가 왔습니다. (　　　)
② 수족관에 아이들이 많았습니다. (　　　)
③ 63빌딩에서 서울 시내를 볼 수 있습니다. (　　　)

유람선 游船
수족관 水族馆
전망대 瞭望台

2. 대화를 듣고 질문에 답하십시오.

EN Listen to the conversation and answer the question. JP 会話を聴いて質問に答えてください。 CH 听对话并回答问题。

1) 두 사람은 무엇에 대해서 이야기를 하고 있습니까? (　　　　)

EN What are the two people talking about? JP 2人は何について話していますか？ CH 两个人正在谈论什么?

① 좋아하는 날씨
② 산책에 좋은 날씨
③ 비 온 후 갠 날씨

2) 맞는 것에 ✓ 표 하십시오.

EN Mark ✓ if the sentence is correct. JP 内容と合っているものに✓をつけてください。 CH 在正确的选项上划✓。

	남자	여자
비가 온 후에 갠 날씨를 좋아합니다		
공기가 깨끗해서 비오는 것을 좋아합니다		
눈이 오는 날 우산을 쓰고 걷는 것을 좋아합니다		

3) 여러분은 어떤 날씨를 좋아합니까? 그때 무엇을 합니까?

EN What kind of weather do you like? What do you do in such weather? JP 皆さんはどんな天気が好きですか？
CH 大家喜欢什么样的天气?那时候做什么?

정리해 봅시다

EN Let's review JP まとめ CH 整理一下。

여러분은 비가 오는 날, 안개 낀 날, 흐린 날 보통 무엇을 합니까? 무엇을 하지 않습니까?

EN What do you normally do on rainy days, foggy days, cloudy days? What don't you do on these days?
JP 皆さんは雨の日、霧の日、曇りの日は通常何をしますか？何をしませんか。 CH 大家在下雨天、雾天和阴天一般做什么?不做什么?

02 어느 계절을 좋아하세요?

학/습/목/표 계절에 대한 이야기를 듣고 이해할 수 있다.

EN Objective To be able to listen and understand a description about seasons.
JP 学修目標 季節についての話を聴いて理解することが出来る。
CH 学习目标 能听懂并理解关于季节的对话。

준비해 봅시다

EN Let's prepare. JP 準備しましょう。 CH 准备一下。

고향에서도 여름에 비가 많이 옵니까? 언제 비가 많이 옵니까?

EN Do you have a lot of rain in summer in you country? When do you have a lot of rain?
JP 故郷にも夏に雨がたくさん降りますか？いつ雨がたくさん降りますか？ CH 你的家乡夏天经常下雨吗? 什么时候经常下雨?

요즘의 한국 날씨와 고향 날씨는 어떻게 다릅니까?

EN These days, how are weathers in Korea and in your country different? JP 最近の韓国の天気は故郷の天気とどう違いますか？
CH 现在的韩国天气和你家乡的天气有什么不同?

들어 봅시다

EN Let's listen. JP 聴いてみましょう。 CH 请听一听。

01 듣고 맞는 대답을 고르십시오. ❷ 01~05

EN Listen and choose the correct answer. JP 次の文を聴いて正しい答えを選んでください。
CH 听并选择正确的答案。

MP3 01~08

1. (   )

① 저는 봄을 좋아해요. ② 보통 날씨가 따뜻해요.
③ 봄, 여름, 가을, 겨울이 있어요.

2. (   )

❶ 좀 선선해요.
❷ 한국은 여름에 비가 많이 와요.
❸ 너무 덥지 않아요?

3. (   )

❶ 바다에서 수영을 할 게요.
❷ 아직 5월인데 좀 춥지 않아요?
❸ 일요일에 바다에 갑시다.

4. (   )

❶ 겨울에 제주도에 사람이 많아요.
❷ 여름 휴가 동안 잘 지냈어요?
❸ 바람이 많이 부니까 긴팔 옷을 가지고 가세요.

5. (   )

❶ 겨울인데 따뜻하지요?
❷ 꽃이 피는 봄이 좋은데요.
❸ 여름은 너무 더워요.

02 무엇에 대해서 이야기하고 있습니까? 듣고 맞는 것을 고르십시오. ❷ 06~08

EN What are they talking about? Listen and choose the correct one.
JP 何について話していますか？会話を聴いて内容と合う答えを選んでください。 CH 在谈论什么?听对话并选择正确的答案。

1. (   )

❶ 계절 이야기 ❷ 날씨 이야기 ❸ 제주도 소개

2. (   )

❶ 여행 이야기 ❷ 사진 이야기 ❸ 지리산 소개

3. (   )

❶ 사진 이야기 ❷ 날씨 이야기 ❸ 역사 이야기

03 듣고 질문에 답하십시오. ❷ 09~11

EN Listen and answer the question. JP 話を聴いて質問に答えてください。 CH 听对话并回答问题。

MP3 09~13

1. 남자의 고향에서 장마철이 언제입니까? (　　　)

EN When is the rainy season in the man's country? JP 男性の故郷では梅雨はいつですか？ CH 男子的家乡梅雨季节是什么时候?

① 7월　　② 8월　　③ 9월

2. 요즘 남자의 고향 날씨는 어떻습니까? (　　　)

EN How is the weather these days in the man's country? JP 男性の故郷の最近の天気はどうですか？ CH 最近男子家乡的天气怎么样?

① 선선해요　　② 쌀쌀해요　　③ 많이 더워요

3. 여자는 방학에 무엇을 할까요?

EN What will the woman do during the vacation? JP 女性は長期休みに何をしますか？ CH 女子假期会做什么?

______________________________을/ㄹ 거예요.

04 듣고 질문에 답하십시오. ❷ 12~13

EN Listen and answer the question. JP 話を聴いて質問に答えてください。 CH 听并回答问题。

1. 이야기를 듣고 질문에 답하십시오.

EN Listen to the story and answer the question. JP 話を聴いて質問に答えてください。 CH 听短文并回答问题。

1) 무엇에 대한 이야기입니까? (　　　)

EN What is this narrative about? JP 何についての話ですか？ CH 这是关于什么的短文?

① 방학 이야기　　② 친구 이야기　　③ 계절 이야기

2) 맞는 것에 ✓ 표 하십시오.

EN Mark ✓ if the sentence is correct. JP 内容と合う文に✓をつけてください。 CH 在正确的选项上划✓。

① 한국에는 사계절이 있습니다. (　　　)

② 싱가포르에서는 봄에 스웨터를 입습니다. (　　　)

③ 싱가포르에서는 4월에도 에어컨을 켭니다. (　　　)

2. 대화를 듣고 질문에 답하십시오.

EN Listen to the conversation and answer the question. JP 会話を聴いて質問に答えてください。 CH 听对话并回答问题。

1) 두 사람은 무엇에 대해서 이야기를 하고 있습니까? (　　　)

EN What are the two people talking about? JP 2人は何について話していますか？ CH 两个人正在谈论什么?

① 계절과 날씨　② 여름과 겨울　③ 하얀 눈과 눈사람

2) 누구의 생각입니까? 맞는 것에 ✓ 표 하십시오.

EN Whose though is it? Mark ✓ in the blanks. JP 誰の考えですか？合っているものに✓をつけてください。
CH 这是谁的想法? 在正确的选项上划✓。

	남자	여자
선선한 날씨를 좋아합니다		
사계절이 달라서 좋습니다		
겨울은 싫지만 하얀 눈은 좋습니다		

3) 여러분은 어떤 계절을 왜 좋아하십니까?

EN What season do you like, and why? JP 皆さんはどの季節がなぜ好きですか。 CH 大家喜欢什么季节?

정리해 봅시다

EN Let's review JP まとめ CH 整理一下。

어느 계절에 휴가를 가고 싶습니까? 뭘 하고 싶습니까?

EN During which season do you want to go on vacation? What would you like to do? JP どの季節に休暇に行きたいですか？何をしたいですか？ CH 你想哪个季节去休假? 想做什么?

03 스키를 타러 갈까요?

학/습/목/표 계절 활동에 대한 이야기를 듣고 이해할 수 있다.

EN Objective To be able to listen and understand a description about seasonal activities.
JP 学修目標 季節の活動についての話を聴いて理解できる。
CH 学习目标 能听懂关于季节相关活动的对话并理解。

준비해 봅시다

EN Let's prepare. JP 準備しましょう。 CH 准备一下。

어느 계절을 좋아합니까? 그 계절에 무슨 활동을 합니까?

EN Which season do you like? What do you do in this season? JP どの季節が好きですか？その季節にはどんなことをしますか？
CH 你喜欢哪个季节？那个季节做什么活动？

들어 봅시다

EN Let's listen. JP 聴いてみましょう。 CH 请听一听。

01 듣고 맞는 대답을 고르십시오. 🔊 ❸ 01~05

EN Listen and choose the the correct answer. JP 次の文を聴いて正しい答えを選んでください。
CH 听并选择正确的答案。

MP3 01~08

1. (   )

① 꽃이 필 것 같아요. ② 공원에 꽃구경을 가고 싶어요.
③ 언제 꽃이 피어요?

2. (   )

❶ 스키를 좋아하세요?
❷ 스키장이 참 좋은데요.
❸ 주말에 가면 복잡할 것 같아요.

3. (   )

❶ 누구와 같이 가요?
❷ 빨리 출발합시다.
❸ 저는 단풍을 볼 거예요.

4. (   )

❶ 네, 가끔 바람이 많이 불어요.
❷ 아니요, 힘들어서 안 좋아해요.
❸ 겨울에 가면 좋을 것 같아요.

5. (   )

❶ 어디로 갈까요?
❷ 물이 아주 깨끗한데요.
❸ 아니요, 저는 수영을 좋아해요.

02 무엇에 대해서 이야기하고 있습니까? 듣고 맞는 것을 고르십시오. ❸ 06~08

EN What are they talking about? Listen and choose the correct answer.
JP 何について話していますか？会話を聴いて内容と合う答えを選んでください。 CH 在谈论什么?听对话并选择正确的答案。

1. (   )

❶ 날씨가 갰어요
❷ 장마가 끝났어요
❸ 소풍을 가고 싶어요

2. (   )

❶ 인사동이 어때요?
❷ 인사동이 어디에 있어요?
❸ 인사동에서 쇼핑이 재미있어요?

3. (   )

❶ 여의도에 같이 갑시다.
❷ 꽃을 사러 갈까요?
❸ 사람이 많아요?

03 듣고 질문에 답하십시오. ③ 09~11

EN Listen and answer the question. JP 話を聴いて質問に答えてください。 CH 听并回答问题。

MP3 09~13

1. 남자는 등산을 어떻게 생각합니까? (　　　)

EN What does the man think of hiking? JP 男性は登山についてどう思っていますか？ CH 男子怎么看待登山?

① 아주 편해요.　② 힘들어요.
③ 시간이 많이 걸려요.

2. 지금 무슨 계절입니까? (　　　)

EN Which season is it now? JP 今の季節は何ですか？ CH 现在是什么季节?

① 봄　② 여름　③ 가을

3. 듣고 맞는 것에 ✓표 하십시오.

EN Listen and mark ✓ if the sentence is correct. JP 次の話を聴いて内容と合う文に✓をつけてください。
CH 听对话并在正确的选项上划✓。

① 개나리는 봄에 핍니다. (　　　)
② 요즘 꽃이 많이 피었습니다. (　　　)
③ 보통 3월에는 꽃이 안 핍니다. (　　　)

04 듣고 질문에 답하십시오. ③ 12~13

EN Listen and answer the question. JP 話を聴いて質問に答えてください。 CH 听并回答问题。

1. 대화를 듣고 질문에 답하십시오.

EN Listen to the conversation and answer the question. JP 会話を聴いて質問に答えてください。 CH 听对话并回答问题。

1) 두 사람은 무엇에 대해서 이야기를 하고 있습니까? (　　　)

EN What are the two people talking about? JP 2人は何について話していますか？ CH 两个人正在谈论什么?

① 달리기
② 아름다운 공원
③ 자전거 타기

2) 맞는 것에 ✓ 표 하십시오.

EN Mark ✓ if the sentence is correct. JP 内容と合う文に✓をつけてください。 CH 在正确的选项上划✓。

① 여자는 공원에서 달리기를 자주 합니다. (　　　)
② 남자는 자전거를 타고 여행하고 싶어합니다. (　　　)
③ 여자는 자전거 여행을 자주 했습니다. (　　　)

2. 이야기를 듣고 질문에 답하십시오.

EN Listen to the story and answer the question. JP 話を聴いて質問に答えてください。 CH 听短文回答问题。

1) 무엇에 대한 이야기입니까? (　　　)

EN What is this narrative about? JP 何についての話ですか？ CH 这是关于什么的短文?

① 넘어지지 마세요.
② 스키 경기를 합시다.
③ 스키를 배워 봅시다.

2) 맞는 것에 ✓ 표 하십시오.

EN Mark ✓ if the sentence is correct. JP 内容と合う文に✓をつけてください。 CH 在正确的选项上划✓。

① 잘 배운 후에 타야 합니다. (　　　)
② 앞으로 넘어지면 안전합니다. (　　　)
③ 넘어질 것 같으면 그 자리에 앉아야 합니다. (　　　)

정리해 봅시다

EN Let's review JP まとめ CH 整理一下。

한국에서 어느 계절에 어떤 활동을 하고 싶습니까? 왜 그렇습니까?

EN What kind of seasonal activity would you like to do in Korea? Why is that? JP 韓国でどの季節に何をしたいですか？それはなぜですか？
CH 在韩国想进行什么样的季节活动? 为什么呢?

제10과

음식

01 어떤 음식이에요?

02 아직 먹은 적이 없어요

03 선생님께서 오시면 먹읍시다

01 어떤 음식이에요?

학/습/목/표 음식에 대한 이야기를 듣고 이해할 수 있다.

EN Objective To be able to listen and understand a description about food.
JP 学修目標 食べ物についての話を聴いて理解することが出来る。
CH 学习目标 听有关食物的对话并能理解。

준비해 봅시다

EN Let's prepare. JP 準備しましょう。 CH 准备一下。

한국에서 무슨 음식을 먹어 봤어요?

EN What food have you had in Korea? JP 韓国で何を食べてみましたか？ CH 你在韩国吃过什么食物?

그 음식은 어떤 음식이에요?

EN What kind of food is it? JP それはどんな食べ物ですか？ CH 那是什么样的食物?

들어 봅시다

EN Let's listen. JP 聴いてみましょう。 CH 请听一听。

01 듣고 맞는 대답을 고르십시오. ❶ 01~05

EN Listen and choose the the correct answer. JP 次の文を聴いて正しい答えを選んでください。
CH 听并选择正确的答案。

MP3 01~08

1. (   )

① 어제 먹었는데요. ② 정말 그렇게 맛있어요?
③ 돼지 뼈로 만든 음식인데 아주 맛있어요.

2. (　　　)

❶ 잘 비빈 후에 먹어요.　　❷ 빨리 먹을 수 있어요.
❸ 네, 만들기가 아주 어려워요.

3. (　　　)

❶ 채소와 고기로 만들어요.　　❷ 학교 앞 중국 식당에서 먹을까요?
❸ 네, 학생식당에서 한 번 먹었어요.

4. (　　　)

❶ 15분 쯤 걸려요.　　❷ 네, 물 좀 주세요.
❸ 스파게티 하나 주세요.

5. (　　　)

❶ 반찬이 없는데요.　　❷ 네, 김치 좀 더 주세요.
❸ 불고기 2인분 주시겠어요?

02 무엇에 대해서 이야기하고 있습니까? 듣고 맞는 것을 고르십시오. ❶ 06~08

EN What are they talking about? Listen and choose the correct answer.
JP 何について話していますか？会話を聴いて内容と合う答えを選んでください。　CH 在谈论什么?听并选择正确的答案。

1. (　　　)

❶ 음식 먹는 방법　　❷ 음식 만드는 방법
❸ 식당 소개

2. (　　　)

❶ 냉면이 더 맛있어요.　　❷ 돼지갈비를 더 먹고 싶어요.
❸ 이 식당에서 무슨 음식이 맛있어요?

3. (　　　)

❶ 청국장을 먹읍시다.　　❷ 학생식당에서 먹을까요?
❸ 빨리 점심 먹으러 갑시다.

03 듣고 질문에 답하십시오. 1 09~11

EN Listen and answer the question. JP 話を聴いて質問に答えてください。 CH 听对话并回答问题。

MP3 09~13

1. 여자가 먹은 것은 무엇입니까? (　　　)

EN What did the woman eat? JP 女性が飲んだものは何ですか？ CH 女子吃的是什么?

① 한국 전통 과자　② 수정과　③ 식혜

2. 남자는 무엇을 먹겠습니까? (　　　)

EN What will the man eat? JP 男性は何を食べましたか？ CH 男子要吃什么?

① 칼국수　② 삼계탕　③ 해물찜

3. 두 사람은 지금 어디에 갈까요?

EN Where will the two people go now? JP 二人は今どこに行くところですか？ CH 两个人现在要去哪儿?

____

04 듣고 질문에 답하십시오. 1 12~13

EN Listen and answer the question. JP 話を聴いて質問に答えてください。 CH 听并回答问题。

1. 이야기를 듣고 질문에 답하십시오.

EN Listen to the story and answer the question. JP 話を聴いて質問に答えてください。 CH 听短文并回答问题。

1) 이 음식은 무엇입니까? (　　　)

EN What food is it? JP この食べ物は何ですか？ CH 这种食物是什么?

① 볶음밥　② 된장찌개　③ 김치

2) 맞는 것에 ✓ 표 하십시오.

EN Mark ✓ if the sentence is correct. JP 内容と合う文に✓をつけてください。 CH 在正确的选项上划✓。

① 이 음식은 항상 배추로 만듭니다. (　　　)
② 이 음식은 만들어서 금방 먹으면 맛있습니다. (　　　)
③ 한국에서는 날마다 이 음식을 먹는 사람이 많습니다. (　　　)

2. 대화를 듣고 질문에 답하십시오.

EN Listen to the conversation and answer the question. JP 会話を聴いて質問に答えてください。 CH 听对话并回答问题。

1) 여자가 하고 싶은 이야기는 무엇입니까? (　　　)

EN What does the woman want to say? JP 女性がしたい話はなんですか？ CH 女的想说的话是什么?

① 조금 일찍 와서 도와주세요.
② 음식이 맛있을 거예요.
③ 매운 음식도 있어요.

2) 남자는 무엇을 해야 합니까? 맞는 것에 ✓ 표 하십시오.

EN What does the man have to do? Mark ✓ next to the correct answers.
JP 男性は何をしなければなりませんか？内容と合っているものに✓をつけてください。 CH 男的应该做什么?在正确的选项上划✓。

① 과일을 삽니다. (　　　)
② 야채를 씻습니다. (　　　)
③ 와인을 가지고 갑니다. (　　　)
④ 불고기를 만듭니다. (　　　)
⑤ 여자의 집에 일찍 갑니다. (　　　)
⑥ 상을 차립니다. (　　　)

정리해 봅시다

EN Let's review JP まとめ CH 整理一下。

여러분이 친구를 초대한다면 어떤 음식을 만들고 싶습니까?

EN If you were to invite friends over, what kind of food would you like to make? JP 皆さんが友達を招待するとしたらどんな料理を作りたいですか？
CH 大家如果招待朋友的话，想做什么食物?

02 아직 먹은 적이 없어요

학/습/목/표 음식을 비교하는 이야기를 듣고 이해할 수 있다.

EN Objective To be able to listen and understand a comparitive description of foods.
JP 学修目標 食べ物を比較する話を聴いて理解する事ができる。
CH 学习目标 听比较食物的对话并能理解。

준비해 봅시다

EN Let's prepare. JP 準備しましょう。 CH 准备一下。

한국 음식 중에 고향 음식과 비슷한 음식이 있습니까?

EN Among Korean foods, are there any similar to foods of your country? JP 韓国の食べ物の中で故郷の食べ物と似た物がありますか？
CH 韩国食物中有和你家乡的食物相似的吗?

그 고향 음식은 한국 음식과 무엇이 비슷하고 무엇이 다릅니까?

EN How are the foods similar and different? JP その故郷の食べ物は韓国の食べ物と何が似ていて何が違いますか？
CH 你家乡的那种食物和韩国的哪里一样? 哪里不一样?

들어 봅시다

EN Let's listen. JP 聴いてみましょう。 CH 请听一听。

01 듣고 맞는 대답을 고르십시오. ❷ 01~05

EN Listen and choose the the correct answer. JP 次の文を聴いて正しい答えを選んでください。
CH 听并选择正确的答案。

MP3 01~08

1. (   )

❶ 꼭 한 번 드셔 보세요. ❷ 저는 뭐든지 괜찮아요.
❸ 언제든지 괜찮으니까 연락 주세요.

2. (　　　)

❶ 아직 먹어 보지 못했어요.　　❷ 민속촌에서 많이 봤어요.
❸ 지금 식당에 가면 사람이 많을 것 같아요.

3. (　　　)

❶ 같이 먹으면 맛있어요?　　❷ 저는 만두를 먹은 적이 있어요.
❸ 오랜만에 만두를 만들어 보려고 해요.

4. (　　　)

❶ 고향에 언제 갈 거예요?　　❷ 네, 있는데 불고기가 조금 더 달아요.
❸ 네, 이름도 다르고 맛도 달라요.

5. (　　　)

❶ 네, 맛있지만 좀 비싸요.　　❷ 네, 아직 먹은 적이 없어요.
❸ 갈비구이를 먹어 봤어요?

02 무엇에 대해서 이야기하고 있습니까? 듣고 맞는 것을 고르십시오. ❷ 06~08

EN What are they talking about? Listen and choose the correct answer.
JP 何について話していますか？会話を聴いて内容と合う答えを選んでください。 CH 在谈论什么?听并选择正确的答案。

1. (　　　)

❶ 돼지갈비를 시킵시다.　　❷ 음식 맛이 어때요?
❸ 삼겹살은 어떤 음식이에요?

2. (　　　)

❶ 자장면 맛이 달라요.　　❷ 중국 자장면 맛이 달아요.
❸ 자장면은 중국 음식이에요.

3. (　　　)

❶ 생일 음식 만들기　　❷ 학교 요리 수업 소개
❸ 같이 요리 만들기

03 듣고 질문에 답하십시오. 2 09~11

MP3 09~13

EN Listen and answer the question. JP 話を聴いて質問に答えてください。 CH 听对话并回答问题。

1. 여자가 무엇을 주문할 것 같습니까? (　　　)

EN What will the woman order? JP 女性は何を注文すると思いますか？ CH 女子好像要点什么?

① 찜닭 한 마리　　② 찜닭 반 마리
③ 찜닭 1인분

2. 두 음식은 무엇이 다릅니까? (　　　)

EN What is the difference between the two foods? JP 二つの食べ物は何が違いますか？ CH 两种食物有什么不同?

① 음식 재료　　② 음식을 만든 사람
③ 음식을 만드는 시간

3. 여자가 무엇을 만들었습니까?

EN What did the woman make? JP 女性は何を作りましたか？ CH 女子做了什么?

__________ 때 먹는 __________ 을/를 만들었습니다.

04 듣고 질문에 답하십시오. 2 12~13

EN Listen and answer the question. JP 話を聴いて質問に答えてください。 CH 听并回答问题。

1. 이야기를 듣고 질문에 답하십시오.

EN Listen to the story and answer the question. JP 話を聴いて質問に答えてください。 CH 听短文并回答问题。

1) 무엇에 대한 이야기입니까? (　　　)

EN What is this narrative about? JP 何についての話ですか？ CH 这是关于什么的短文?

① 설날에 먹는 음식
② 떡만둣국 만드는 방법
③ 여러 가지 만두의 모양

2) 맞는 것에 ✓ 표 하십시오.

EN Mark ✓ if the sentence is correct. JP 内容と合う文に✓をつけてください。 CH 在正确的选项上划✓。

① 떡국은 모두 모양이 같습니다. (　　　)
② 요즘은 쇠고기로 떡국 국물을 만듭니다. (　　　)
③ 한국에서는 날마다 떡국을 먹는 사람이 많습니다. (　　　)

2. 대화를 듣고 질문에 답하십시오.

EN Listen to the conversation and answer the question. JP 会話を聴いて質問に答えてください。 CH 听对话并回答问题。

1) 무엇에 대한 이야기입니까? (　　　　)

EN What is this narrative about? JP 何についての話ですか？ CH 这是关于什么的短文?

① 여름철에 많이 먹는 음식 소개
② 삼계탕을 만드는 방법
③ 육개장에 들어가는 재료 소개

2) 삼계탕과 육개장에 대한 설명으로 맞는 것에 ✓ 표 하십시오.

EN Of Samgyetang and Yukgaejang, what is the explanation about? Mark ✓ in the blanks.
JP サムゲタンとユッケジャンについての説明として合っているものに✓をつけてください。 CH 选出正确描述参鸡汤和牛肉汤的选项划✓。

설명	삼계탕	육개장
여름에 많이 먹어요.		
인삼과 마늘이 들어있어요.		
닭고기, 고춧가루가 들어있어요.		
조금 매워요.		

정리해 봅시다

EN Let's review JP まとめ CH 整理一下。

부모님이 한국에 오시면 어떤 음식을 추천하고 싶습니까?

EN If your parents came to Korea what foods would you recommend to them? JP 両親が韓国に来たらどんな食べ物を勧めたいですか？
CH 父母来韩国的话，你想推荐什么食物?

03 선생님께서 오시면 먹읍시다

학/습/목/표 식사 예절에 대한 이야기를 듣고 이해할 수 있다.

EN Objective To be able to listen and understand a description about table manners.
JP 学修目標 食事作法についての話を聴いて理解することが出来る。
CH 学习目标 听有关用餐礼节的对话并能理解。

준비해 봅시다

EN Let's prepare. JP 準備しましょう。 CH 准备一下。

여러분이 알고 있는 한국의 식사 예절이 있습니까?

EN Do you know any Korean table manners? JP 皆さんが知っている韓国の食事作法がありますか？ CH 大家知道的韩国用餐礼节有什么？

여러분 나라의 식사 예절은 어떤 것이 있습니까? 왜 그렇게 합니까?

EN What table manners do you have in your country? Tell us why you have them.
JP 皆さんの国の食事作法にはどんなものがありますか？なぜそれをするのですか？ CH 大家的国家有哪些用餐礼节？为什么？

들어 봅시다

EN Let's listen. JP 聴いてみましょう。 CH 请听一听。

01 듣고 맞는 대답을 고르십시오. ❸ 01~05

EN Listen and choose the the correct answer. JP 次の文を聴いて正しい答えを選んでください。
CH 听并选择正确的答案。

MP3 01~08

1. (   )

① 네, 여기 있어요.
② 설렁탕에 좀 넣어서 먹었어요.
③ 네, 후춧가루를 조금 드릴게요.

2. (　　　)

① 밥부터 시킬까요?　　② 저는 국부터 먹어요.
③ 아주머니, 국이 참 맛있어요.

3. (　　　)

① 네, 안 들어요.　　② 아니요, 먹어도 돼요.
③ 아니요, 들고 먹으면 안 돼요.

4. (　　　)

① 네, 저부터 먹을 게요.　　② 저는 배가 많이 고픈데요.
③ 아니요. 영수 씨가 오면 같이 먹읍시다.

5. (　　　)

① 배가 부르겠어요.　　② 네, 너무 많이 먹었어요.
③ 점심을 먹으려고 상을 차렸어요.

02 무엇에 대해서 이야기하고 있습니까? 듣고 맞는 것을 고르십시오. ❸ 06~08

EN What are they talking about? Listen and choose the correct answer.
JP 何について話していますか？会話を聴いて内容と合う答えを選んでください。 CH 在谈论什么?听对话并选择正确的答案。

1. (　　　)

① 상 차리는 방법　　② 밥을 하는 방법　　③ 식사하는 방법

2. (　　　)

① 식사 예절　　② 선생님 생일　　③ 음식 주문

3. (　　　)

① 수저는 어떻게 써요?　　② 일본 음식은 어떻게 만들어요?
③ 찌개는 어떻게 먹어요?

03 듣고 질문에 답하십시오. ③ 09~11

EN Listen and answer the question. JP 話を聴いて質問に答えてください。 CH 听并回答问题。

MP3 09~13

1. 대화를 듣고 빈칸을 채우십시오.

EN Listen to the conversation and fill in the blanks. JP 会話を聴いて空欄を埋めてください。 CH 听对话并填空。

보통 ______________ 하고 ______________ 은/는 숟가락으로 먹어요.
______________ 이/가 없는 ______________ 은/는 젓가락으로 먹어요.

2. 다음 중 할머니와 식사할 때의 예절로 맞는 것을 고르십시오. (　　　)

EN Choose the correct table manner when you eat with an old lady.
JP 次の中からおばあさんと食事をする際の作法として合っているものを選んでください。 CH 选出下面选项中是和奶奶一起吃饭时的礼仪的正确选项。

① 할머니 앞에서는 음식을 먹을 때 얼굴을 돌립니다.
② 할머니 앞에서 술을 마시면 안 됩니다.
③ 나는 식사가 끝났지만 자리에 앉아서 할머니의 식사가 끝나기를 기다렸습니다.

3. 듣고 맞는 것에 ✓표 하십시오.

EN Listen and mark ✓ if the sentence is correct. JP 次の話を聴いて内容と合う文に✓をつけてください。
CH 听对话在正确的选项上划✓。

① 밍밍 씨는 늦게 왔습니다. (　　　)
② 선생님은 일찍 오셨습니다. (　　　)
③ 윗사람이 문에서 가까운 자리에 앉습니다. (　　　)

04 듣고 질문에 답하십시오. ③ 12~13

EN Listen and answer the question. JP 話を聴いて質問に答えてください。 CH 听并回答问题。

1. 이야기를 듣고 질문에 답하십시오.

EN Listen to the story and answer the question. JP 話を聴いて質問に答えてください。 CH 听短文并回答问题。

1) 무엇에 대한 이야기입니까? (　　　)

EN What is this narrative about? JP 何についての話ですか？ CH 这是关于什么的短文?

① 한식은 수저를 사용해서 먹습니다.
② 일본에서는 숟가락을 잘 쓰지 않습니다.
③ 양식을 먹을 때 포크와 칼을 사용합니다.

2) 듣고 맞는 것에 ✓ 표 하십시오.

EN Listen and mark ✓ if the sentence is correct. JP 内容と合う文に✓をつけてください。 CH 听短文在正确的选项上划✓。

① 중국에서는 젓가락을 많이 사용합니다. (　　　)
② 매운탕은 숟가락으로 먹습니다. (　　　)
③ 한국 사람들은 시원한 국물을 좋아합니다. (　　　)

2. 대화를 듣고 질문에 답하십시오.

EN Listen to the conversation and answer the question. JP 会話を聴いて質問に答えてください。 CH 听对话并回答问题。

1) 무엇에 대한 이야기입니까? (   )

EN What is this narrative about? JP 何についての話ですか？ CH 这是关于什么的对话?

① 식사하는 방법 ② 밥그릇 모양 ③ 국물 먹는 방법

2) 맞는 것에 ✓ 표 하십시오.

EN What is this explanation about? Mark ✓ in the blanks. JP 内容と合っているものに✓をつけてください。 CH 在正确的选项上划✓。

	한국	중국	일본
밥그릇을 들고 먹어요.			
밥그릇을 상 위에 놓고 먹어요.			
국그릇의 건더기는 젓가락으로 먹어요.			
국그릇의 국물은 숟가락으로 먹어요.			
국그릇을 들고 국물을 마셔요.			

정리해 봅시다

EN Let's review JP まとめ CH 整理一下。

한국의 식사 예절 중 재미있는 것이 있습니까?

EN Is there any Korean table manner that you find interesting? JP 韓国の食事作法の中で面白いものはありますか？
CH 韩国的用餐礼节中有意思的有什么?

여러분 나라의 식사 예절 중 재미있는 것이 있습니까?

EN Is there any table manner of your country that is interesting? JP 皆さんの国の食事作法に面白いものはありますか？
CH 大家的国家中有意思的用餐礼节有什么?

부록

01 듣기 지문

02 모범 답안

듣기 지문

제1과 인사와 소개

01 저는 학생입니다

[들어봅시다]

1 01~06 **[01]** 1. 오이
2. 고리
3. 구름
4. 여기
5. 보모
6. 가지

1 07~09 **[02]** 1. 안녕하십니까?
2. 누구입니까?
3. 학생입니까?

1 10~13 **[03]** 1. 여자 : 안녕히 가십시오.
남자 : 안녕히 계십시오.
2. 남자/여자 : 선생님, 안녕하세요?
여자 : 네, 안녕하세요?
3. 여자 : 죄송합니다.
남자 : 괜찮습니다.
4. 여자 : 처음 뵙겠습니다.
남자 : 네, 처음 뵙겠습니다. 만나서 반갑습니다.

1 14 **[04]** 미선 : 안녕하십니까? 저는 김미선입니다.
웨이 : 네, 처음 뵙겠습니다. 저는 웨이입니다.
미선 : 학생입니까?
웨이 : 아니요, 회사원입니다.
미선 : 중국 사람입니까?
웨이 : 네, 중국 사람입니다.

1 15~17 **[05]** 1. 안녕하십니까? 저는 태국 사람입니다. 학생입니다.
2. 안녕하십니까? 저는 에릭입니다. 의사입니다.
3. 여자 : 처음 뵙겠습니다. 만나서 반갑습니다. 저는 미선입니다.
남자 : 네, 처음 뵙겠습니다. 반갑습니다. 저는 제임스입니다.
여자 : 미국 사람입니까?
남자 : 네, 미국 사람입니다. 학생입니까?
여자 : 네, 학생입니다.

02 제 책이 아닙니다

[들어봅시다]

2 01~06 **[01]** 1. 달
2. 칸
3. 살
4. 잡니다
5. 보기
6. 성

2 07~10 **[02]** 1. 무엇입니까?
2. 이것은 제 책이 아닙니다. 제임스 씨 책입니까?
3. 누구입니까?
4. 리에 씨 친구 아닙니까?

2 11~15 **[03]** 1. 여자 : 일본 사람입니까?
남자 : 아니요, 중국 사람입니다.
2. 남자 : 회사원입니까?
여자 : 아니요, 회사원이 아닙니다. 기자입니다.
3. 여자 : 이것은 무엇입니까?
남자 : 교과서입니다. 제 교과서입니다.
4. 여자 : 영수 씨 가방입니까?
남자 : 제 가방이 아닙니다. 친구 가방입니다.
5. 남자 : 이것은 미선 씨 전자사전입니까?
여자 : 아니요, 휴대 전화입니다. 제 휴대 전화입니다.

2 16 **[04]** 남자 : 이것은 무엇입니까?
여자 : 시계입니다.
남자 : 미선 씨 시계입니까?
여자 : 아니요, 미선 씨 시계가 아닙니다.

2 17~19 **[05]** 1. 안녕하십니까? 제 이름은 웨이입니다.
중국 사람입니다. 한국 사람이 아닙니다.
2. 남자 : 안녕하십니까? 미선 씨.
여자 : 네, 안녕하십니까?
남자 : 이분은 누구입니까?
여자 : 제 친구입니다.
남자 : 미선 씨 친구입니까? 그럼 한국 사람입니까?
여자 : 아니요, 한국 사람이 아닙니다. 일본 사람입니다.
3. 남자 : 이것은 미선 씨 연필입니까?
여자 : 아니요, 영수 씨. 제 연필이 아닙니다.
남자 : 그럼 누구 연필입니까?
여자 : 제이슨 씨 연필입니다.

03 꽃이 예쁩니다

[들어봅시다]

🔊 ❸ 01~06

[01] 1. 간
2. 각자
3. 항구
4. 파도
5. 상추
6. 신촌

🔊 ❸ 07~11

[02] 1. 교실이 어떻습니까?
2. 누가 가르칩니까?
3. 누가 옵니까?
4. 꽃이 어떻습니까?
5. 무엇이 있습니까?

🔊 ❸ 12~15

[03] 1. 남자 : 누가 가르칩니까?
여자 : 김 선생님이 가르칩니다. 학생이 공부합니다.
2. 남자 : 학생이 공부합니까?
여자 : 네, 공부합니다. 그리고 잡니다.
3. 남자 : 무엇이 있습니까?
여자 : 나무가 있습니다. 저는 운동합니다.
4. 남자 : 무엇을 합니까?
여자 : 먹습니다. 음식이 맛있습니다.

🔊 ❸ 16

[04] 남자 : 누가 있습니까?
여자 : 학생이 있습니다.
남자 : 무엇을 합니까?
여자 : 학생이 공부합니다.

🔊 ❸ 17~19

[05] 1. 여기는 우리 학교입니다. 학생이 많습니다.
2. 여기는 제 방입니다. 책이 많습니다. 꽃이 있습니다. 꽃이 예쁩니다.
3. 남자 : 미선 씨, 책상이 있습니까?
여자 : 네, 있습니다.
남자 : 큽니까?
여자 : 아니요, 작습니다.
남자 : 침대가 있습니까?
여자 : 네, 있습니다.

남자 : 리에 씨, 침대가 있습니까?
여자 : 아니요, 없습니다.
남자 : 책상이 있습니까?
여자 : 네, 있습니다.
남자 : 큽니까?
여자 : 네, 큽니다.

제2과 학교

01 칠판 옆에 지도가 있습니다

[들어봅시다]

❶ 01~04 [01] 1. 교실에 칠판이 있습니까?
2. 의자는 교실에 없습니다.
3. 학교에 운동장도 있습니다.
4. 체육관은 도서관 뒤에 있습니다.

❶ 05~08 [02] 1. 교실에 무엇이 있습니까?
2. 강의실에 누가 있습니까?
3. 우체국도 학생회관에 있습니까?
4. 저, 서점이 어디에 있습니까?

❶ 09~11 [03] 1. 여자 : 교실에 텔레비전이 있습니까?
남자 : 네, 컴퓨터도 있습니다.
2. 여자 : 화장실이 어디에 있습니까?
남자 : 교실 옆에 있습니다.
3. 여자 : 우체국은 어디에 있습니까?
남자 : 학생회관에 있습니다.

❶ 12 [04] 여자 : 학교에 은행이 있습니까?
남자 : 네, 있습니다.
여자 : 어디에 있습니까?
남자 : 문구점 앞에 있습니다.
여자 : 학교에 편의점도 있습니까?
남자 : 아니요, 편의점은 없습니다.

❶ 13~14 [05] 1. 여자 : 교실에 거울이 있습니까?
남자 : 네, 있습니다.
여자 : 달력도 있습니까?
남자 : 네, 칠판 옆에 있습니다.
여자 : 지도도 있습니까?
남자 : 아니요, 지도는 없습니다.
2. 여기는 우리 학교입니다. 학생회관 옆에 체육관이 있습니다. 학생회관 뒤에 도서관이 있습니다. 도서관 옆에 은행도 있습니다. 운동장 앞에 기숙사도 있습니다. 기숙사 옆에 학생식당이 있습니다. 학교 안에 우체국은 없습니다.

02 도서관이 넓고 좋습니다

[들어봅시다]

❷ 01~04 [01] 1. 방이 깨끗합니다.
2. 기숙사가 크고 따뜻합니다.

3. 학생들이 많습니다.
4. 체육관에서 운동을 합니다.

🔊 ❷ 05~08 **[02]** 1. 도서관이 어떻습니까?
2. 교실이 따뜻합니까?
3. 안녕하십니까? 누구를 기다립니까?
4. 휴게실에서 보통 무엇을 합니까?

🔊 ❷ 09~12 **[03]** 1. 여자 : 맛있습니까?
남자 : 아니요, 맛이 없습니다.
2. 여자 : 방이 더럽습니까?
남자 : 아니요, 깨끗합니다.
3. 여자 : 한국어 책을 찾습니다.
남자 : 네, 저기 잡지 옆에 있습니다.
4. 여자 : 무엇을 합니까?
남자 : 돈을 찾습니다.

🔊 ❷ 13 **[04]** 남자 : 지금 도서관에서 숙제를 합니까?
여자 : 아니요, 기숙사에서 책을 읽습니다.
남자 : 기숙사가 어디에 있습니까?
여자 : 식당 뒤에 있습니다.
남자 : 기숙사가 좋습니까?
여자 : 네, 넓고 조용합니다.

🔊 ❷ 14~15 **[05]** 1. 우리 학교 학생회관은 도서관 앞에 있습니다. 학생회관은 크고 조용합니다. 학생회관 안에 은행이 있습니다. 저는 은행에 자주 갑니다. 학생회관에 서점도 있습니다. 서점에서 책도 읽고 잡지도 봅니다. 학생회관에 체육관도 있습니다. 날마다 거기에서 운동을 합니다. 참 재미있습니다.
2. 여자 : 날마다 어디에서 점심을 먹습니까?
남자 : 학생식당에서 먹습니다.
여자 : 학생식당이 조용합니까?
남자 : 아니요, 조금 시끄럽고 복잡합니다.
여자 : 음식은 어떻습니까?
남자 : 싸고 맛있습니다.

03 백화점에 가십시오

[들어봅시다]

🔊 ❸ 01~04 **[01]** 1. 영화를 보고 싶습니다.
2. 공원에 가십시오.
3. 오늘은 조금 심심합니다.
4. 꽃집이 시장 안에 있습니다.

🔊 ❸ 05~08 **[02]** 1. 어디에 가고 싶습니까?

2. 안녕하세요? 리에 씨. 학교에 갑니까?
3. 일이 많습니다. 머리가 아픕니다.
4. 웨이 씨를 만나고 싶습니다. 어디에 있습니까?

3 09~12 [03] 1. 여자 : 한국 노래를 부르고 싶습니다.
남자 : 그렇습니까? 저도 한국 노래를 좋아합니다.
2. 여자1 : 피곤합니다. 자고 싶습니다.
여자2 : 저도 조금 피곤합니다.
3. 여자 : 날씨가 좋습니다. 산책을 하고 싶습니다.
남자 : 저는 자전거를 타고 싶습니다.
4. 여자 : 너무 덥습니다.
남자 : 저도 덥습니다. 주스를 마시고 싶습니다.

3 13 [04] 여자 : 무엇을 하고 싶습니까?
남자 : 옷을 사고 싶습니다.
여자 : 그럼 연세백화점에 가십시오.
남자 : 연세백화점은 어디에 있습니까?
여자 : 학교 근처에 있습니다.
남자 : 백화점이 큽니까?
여자 : 네, 크고 사람들도 많습니다.

3 14~16 [05] 1. 저는 중국 사람입니다. 이름이 웨이입니다. 지금 연세대학교 국제 캠퍼스에서 한국말을 배웁니다. 국제 캠퍼스는 인천에 있습니다. 인천은 서울 근처에 있습니다. 국제 캠퍼스 근처에 아파트가 많습니다. 바다도 있습니다. 저는 바다에 자주 갑니다.
2. 여자 : 웨이 씨, 집이 어디입니까?
남자 : 우리 집은 신촌에 있습니다.
여자 : 집 근처에 무엇이 있습니까?
남자 : 극장이 있습니다. 노래방도 있습니다. PC방도 많습니다.
여자 : 저는 영화를 보고 싶습니다.
남자 : 그럼 지금 신촌에 오십시오.
3. 여러분, 심심합니까? 학교 앞 노래방에 가십시오. '행복노래방'은 넓고 깨끗합니다. 한국 노래가 많습니다. 베트남 노래도 있습니다. 태국 노래도 많습니다. 중국 노래를 부르고 싶습니까? '서울노래방'에 가십시오. '서울노래방'은 '행복노래방' 뒤에 있습니다. 크고 좋습니다. 중국 노래도 많습니다. 일본 노래도 있습니다. 주스도 줍니다.

제3과 친구와 가족

01 트랑 씨는 베트남에서 왔습니다

[들어봅시다]

1 01~04 [01] 1. 무슨 과일을 좋아합니까?

2. 영어 사전을 사고 싶습니다.
3. 창문을 엽니다.
4. 친구가 아주 잘생겼습니다.

1 05~09 [02]
1. 제리 씨, 무슨 음식을 좋아합니까?
2. 저는 하숙집에 삽니다. 트랑 씨는 어디에 삽니까?
3. 마이클 씨, 동생도 키가 큽니까?
4. 저 친구는 어느 나라 사람입니까?
5. 마이클 씨가 무엇을 공부하고 싶어합니까?

1 10~13 [03]
1. 남자 : 이 사람이 누구입니까?
   여자 : 미선 씨입니다.
   남자 : 키가 큽니다.
2. 남자 : 이 사람이 누구입니까?
   여자 : 마리아 씨입니다.
   남자 : 머리가 깁니다.
3. 남자 : 제임스 씨는 어느 나라에서 왔습니까?
   여자 : 제임스 씨는 영국 사람입니다. 컴퓨터 공학을 공부하고 싶어합니다.
4. 남자 : 앙리 씨는 어느 나라 사람입니까?
   여자 : 앙리 씨는 프랑스에서 왔습니다. 경영학을 배우고 싶어합니다.

1 14 [04]
남자 : 저 사람이 누구입니까?
여자 : 기숙사 친구입니다.
남자 : 친구가 어느 나라 사람입니까?
여자 : 호주에서 왔습니다.
남자 : 친구가 무엇을 공부하고 싶어합니까?
여자 : 경영학을 배우고 싶어합니다.

1 15~17 [05]
1. 남자: 저 분이 누구입니까?
   여자 : 아마라 씨입니다. 우리 반 친구입니다.
   남자 : 어느 나라 사람입니까?
   여자 : 아마라 씨는 몽골에서 왔습니다.
   남자 : 무엇을 공부하고 싶어합니까?
   여자 : 컴퓨터공학을 공부하고 싶어합니다. 아마라 씨는 컴퓨터 게임을 좋아합니다.
2. 여자 : 안녕하십니까? 웨이 씨.
   남자 : 네, 지영 씨, 안녕하세요? 이 분은 친구입니까?
   여자 : 네, 기숙사 친구입니다. 에리 씨입니다. 에리 씨는 일본 도쿄에서 왔습니다.
   남자 : 안녕하세요? 에리 씨. 저는 웨이입니다. 중국 상하이에서 왔습니다.
   만나서 반갑습니다.
3. 이분은 트랑 씨입니다. 베트남 하노이에서 왔습니다. 지금 한국말을 배웁니다. 대학교에서 경제학을 공부하고 싶어합니다. 날마다 열심히 한국말을 공부합니다. 트랑 씨는 아주 친절합니다.

02 부모님이 한국에 계십니까?

[들어봅시다]

2 01~04 **[01]** 1. 이 사람이 동생입니까?
2. 수학을 좋아하지 않습니다.
3. 할머니는 베이징에 계십니다.
4. 아버지는 은행에서 일하십니다.

2 05~09 **[02]** 1. 영수 씨, 지금 집에 갑니까?
2. 신문이 어디에 있습니까? 지금 누가 신문을 읽습니까?
3. 동생도 경영학을 공부합니까?
4. 영수 씨 할머니를 만나고 싶습니다. 지금 할머니가 무엇을 하십니까?
5. 아마라 씨, 언니도 한국에 있습니까?

2 10~14 **[03]** 1. 남자 : 할아버지가 무엇을 하십니까?
여자 : 아침을 잡수십니다.
2. 남자 : 할머니는 무엇을 하십니까?
여자 : 주무십니다.
3. 남자 : 언니는 무엇을 합니까?
여자 : 신문을 읽습니다.
4. 남자 : 동생은 무엇을 합니까?
여자 : 집안 청소를 합니다.
5. 남자 : 어머니는 무엇을 합니까?
여자 : 밖에서 운동을 하십니다.

2 15 **[04]** 여자 : 가족 사진입니까? 부모님께서 어디에 계십니까?
남자 : 지금 뉴욕에 사십니다.
여자 : 부모님께서 한국말을 아십니까?
남자 : 네, 한국말을 조금 하십니다.
여자 : 이 분이 어머니이십니까? 아주 예쁘십니다.
남자 : 아니요, 우리 할머니이십니다.

2 16~17 **[05]** 1. 1) 이분은 제 아버지이십니다.
아버지는 회사원이십니다.
아버지는 운동을 좋아하십니다.
키가 크십니다.
2) 이분은 제 어머니이십니다.
어머니는 선생님이십니다.
어머니는 영어를 가르치십니다.
머리가 짧습니다.
2. 미미씨 가족은 아버지하고 어머니하고 미미 씨, 미미 씨 언니, 모두 네 명입니다. 부모님은 인도네시아에 계십니다. 아버지는 전화 회사에서 일하십니다. 어머니는 일하시지 않습니다. 어머니가 미미 씨한테 자주 전화를 하십니다. 미미 씨는 전화

비가 비싸서 전화하지 않습니다. 미미 씨는 가끔 이메일을 보냅니다.

03 동생한테 가끔 이메일을 보냅니다

[들어봅시다]

3 01~04

[01] 1. 제 가족은 세 명입니다.
2. 아버지하고 어머니, 그리고 저입니다.
3. 어머니께서 저한테 날마다 전화를 하십니다.
4. 저는 바빠서 가끔 이메일을 보냅니다.

3 05~09

[02] 1. 아마라 씨 가족은 몇 명입니까?
2. 동생 생일입니까? 동생한테 무슨 선물을 보냅니까?
3. 영수 씨 부모님께서 전화를 자주 하십니까?
4. 왜 한국말을 공부합니까?
5. 지금 어디에 갑니까?

3 10~13

[03] 1. 남자 : 영수 씨가 무엇을 합니까?
여자 : 동생한테 카드를 씁니다.
2. 남자 : 웨이 씨가 무엇을 합니까?
여자 : 할아버지께 전화를 합니다.
3. 남자 : 마리아 씨, 어디가 아파요?
여자 : 어제 책을 많이 봐서 머리가 아파요.
4. 남자 : 제인 씨, 많이 아파요?
여자 : 네, 컴퓨터를 많이 해서 눈이 아파요.

3 14

[04] 여자 : 가족이 몇 명입니까?
남자 : 아버지, 어머니, 형하고 저, 네 명입니다.
여자 : 부모님께 자주 전화합니까?
남자 : 네, 자주 합니다.
여자 : 전화 요금이 비싸지 않습니까?
남자 : 인터넷 전화여서 비싸지 않습니다.

3 15~17

[05] 1. 미미 씨 가족은 네 명입니다.
어머니하고 아버지, 미미 씨, 언니입니다.
미미 씨 부모님하고 언니는 고향에 있습니다.
미미 씨는 가족을 빨리 만나고 싶어합니다.
2. 여자 : 형제가 있습니까?
남자 : 네, 형하고 여동생이 있습니다.
여자 : 형은 무엇을 합니까?
남자 : 지금 대학생입니다. 경영학을 공부합니다.
여자 : 여동생도 대학생입니까?
남자 : 아니요, 고등학생입니다. 의사가 되고 싶어합니다.
3. 남자 : 미미 씨, 가족이 어디에 있습니까?

여자 : 부모님은 고향에 계시고 언니는 한국에 있습니다.
남자 : 언니가 한국에 있습니까?
여자 : 네, 한국에서 한국대학교에 다닙니다. 컴퓨터공학을 공부합니다.
남자 : 언니를 자주 만납니까?
여자 : 아니요, 자주 만나지 않습니다. 언니가 날마다 바쁩니다.

제4과 일상생활

01 2시에 점심을 먹습니다

[들어봅시다]

1 01~04 **[01]** 1. 여덟 시에 지하철을 탑니다.
2. 수업이 끝나고 점심을 먹습니다.
3. 오후에 도서관에서 책을 읽습니다.
4. 오전 9시부터 오후 1시까지 한국어를 배웁니다.

1 05~08 **[02]** 1. 지금 몇 시입니까?
2. 보통 몇 시에 일어납니까?
3. 배가 고픕니다. 저녁은 언제 먹습니까?
4. 숙제를 하고 무엇을 합니까?

1 09~13 **[03]** 1. 여자 : 몇 시입니까?
남자 : 여섯 시입니다.
2. 여자 : 언제 잡니까?
남자 : 11시에 잡니다.
3. 여자 : 몇 시에 회사에 갑니까?
남자 : 8시 30분까지 갑니다.
4. 여자 : 날마다 운동을 하십니까?
남자 : 네, 수업이 끝나고 6시까지 농구를 합니다.
5. 여자 : 점심을 먹고 도서관에 갑니까?
남자 : 아니요, 1시 반까지 휴게실에서 친구하고 이야기합니다.

1 14 **[04]** 여자 : 몇 시에 학교에 가십니까?
남자 : 아홉 시에 갑니다.
여자 : 아침을 먹고 가십니까?
남자 : 아니요, 시간이 없어서 먹지 않습니다.
여자 : 날마다 수업이 있습니까?
남자 : 네, 오전 9시 30분부터 오후 4시까지 있습니다.

1 15~16 **[05]** 1. 여자 : 앗, 지금 몇 시입니까?
남자 : 5시 10분입니다. 오늘 약속이 있습니까?
여자 : 네, 5시에 고향 친구하고 약속이 있습니다.
남자 : 어디에서 만납니까?

여자 : 학교 근처 커피숍에서 만납니다.
남자 : 그럼, 빨리 가십시오.
여자 : 네, 먼저 갑니다. 안녕히 계십시오.

2. 남자 : 오늘 저녁에 시간이 있습니까?
여자 : 저녁에는 6시부터 9시까지 일을 합니다.
남자 : 그럼 오후 4시는 어떻습니까?
여자 : 4시에는 병원에 갑니다.
남자 : 오전에는 시간이 있습니까?
여자 : 11시에 수업이 있습니다.
남자 : 수업이 끝나고 무엇을 하십니까?
여자 : 미안합니다. 수업이 끝나고 친구하고 점심을 먹습니다.

02 토요일에 영화를 봤습니다

[들어봅시다]

2 01~04 **[01]**
1. 방을 청소합니다.
2. 일요일에 수영장에 갔습니다.
3. 더워서 창문을 열었습니다.
4. 주말에 박물관에 가고 싶습니다.

2 05~08 **[02]**
1. 오늘이 며칠입니까?
2. 오늘은 무슨 요일입니까?
3. 웨이 씨, 어제 친구를 만나서 무엇을 했습니까?
4. 저는 지난 주말에 부산에 갔습니다. 리에 씨는 뭘 했습니까?

2 09~12 **[03]**
1. 여자 : 지난 수요일 오후에 무엇을 했습니까?
남자 : 학교 수영장에 가서 수영을 했습니다.
2. 여자 : 주말에 어디에 갔습니까?
남자 : 친구 생일 파티에 갔습니다.
3. 여자 : 어제 시험이 어땠습니까?
남자 : 어려웠습니다.
4. 여자 : 지난주 금요일에 웨이 씨를 만났습니까?
남자 : 아니요, 부모님께서 오셔서 공항에 갔습니다.

2 13 **[04]**
여자 : 주말에 집에서 잘 쉬었습니까?
남자 : 아니요, 친구를 만났습니다.
여자 : 친구하고 무엇을 했습니까?
남자 : 만나서 영화를 보고 쇼핑을 했습니다.
여자 : 영화가 어땠습니까?
남자 : 아주 아름다웠습니다.

2 14~18 **[05]**
1. 남자 : 왜 어제 극장 앞에 오지 않았습니까?
여자 : 네? 제가 3시부터 1시간 기다렸습니다.

남자 : 정말입니까? 어디에서 기다렸습니까?
여자 : 연세극장 앞에서 기다렸습니다.
남자 : 네? 저는 대한극장 앞에서 기다렸습니다.
여자 : 대한극장이 아닙니다. 연세극장입니다.

2. 여자 : 한글날이 10월 5일입니까?
남자 : 아니요, 9일입니다.
여자 : 오늘이 몇 월 며칠입니까?
남자 : 10월 7일입니다.
여자 : 밍밍 씨 생일이 다음 주입니까?
남자 : 아니요, 어제였습니다.
여자 : 지난 주 금요일에 무엇을 했습니까?
남자 : 인천에 갔습니다.
여자 : 시험은 며칠까지입니까?
남자 : 다음 주 수요일부터 금요일까지입니다.

3. 미정 씨는 지난 주에 아주 바빴습니다. 월요일부터 금요일까지 한국어 수업이 있었습니다. 월요일에는 태권도 수업도 있었습니다. 화요일에는 배가 많이 아파서 병원에 갔습니다. 목요일에는 백화점에 가서 옷을 샀습니다. 토요일이 어머니 생신이었습니다. 금요일 저녁에 꽃하고 케이크를 샀습니다.

03 주말에 놀이공원에 갈까요?

[들어봅시다]

3 01~04

[01]
1. 여행을 갈 거예요.
2. 일요일에 자전거를 탈 거예요.
3. 동대문 시장에 같이 갈까요?
4. 노래방에 가서 한국 노래를 부릅시다.

3 05~08

[02]
1. 마이클 씨, 우리 같이 등산을 갈까요?
2. 내일은 토요일입니다. 어디에 갈까요?
3. 일이 많아서 피곤합니다.
4. 저는 금요일에 백화점에 갈 거예요. 리에 씨는 뭐 할 거예요?

3 09~13

[03]
1. 여자 : 주말에 뭘 할까요?
남자 : 여행을 갑시다.
2. 여자 : 토요일에 시간이 있습니까?
남자 : 도서관에서 숙제를 할 거예요.
3. 여자 : 주말에 영화를 볼 거예요.
남자 : 어느 극장에서 봅니까?
4. 남자1 : 일요일에 같이 야구를 합시다.
남자2 : 좋습니다. 그럼, 8시에 학교 운동장에서 만날까요?
5. 여자 : 토요일 저녁에 게임을 할까요?

남자 : 아니요, 같이 텔레비전을 봅시다.

🔊 ❸ 14 **[04]** 남자 : 다음 주말에 무엇을 하고 싶습니까?
여자 : 인천에 가서 바다를 구경할 거예요.
남자 : 같이 갈까요?
여자 : 좋습니다. 같이 갑시다.
남자 : 그럼, 몇 시에 만날까요?
여자 : 토요일 아침 8시에 기숙사 앞에서 만납시다.

🔊 ❸ 15~16 **[05]** 1. 남자1 : 철수 씨, 오후에 뭐 할 거예요?
남자2 : 숙제가 많아서 도서관에 갈 거예요.
남자1 : 정희 씨, 수업이 끝나고 노래방에 갈까요?
여자1 : 미안합니다. 저는 머리가 아파서 집에서 좀 쉴 거예요.
남자1 : 스즈키 씨 오후에 같이 축구할까요?
남자3 : 날씨가 너무 덥습니다. 게임은 어떻습니까?
남자1 : 좋습니다. 그럼 피시(PC)방에 갑시다. 거기는 시원합니다.

2. 남자 : 내일 같이 쇼핑을 할까요? 옷을 좀 사고 싶습니다.
여자 : 동대문시장에 갈 거예요?
남자 : 아니요, 학교 근처 백화점에 갈 거예요.
여자 : 그런데 내일이 며칠이에요?
남자 : 6월 4일입니다.
여자 : 내일은 시간이 없습니다.
남자 : 그럼 모레는 어떻습니까?
여자 : 좋습니다. 학교 앞에서 만날까요?
남자 : 학교 앞은 복잡해요. 기숙사 앞에서 만납시다.
여자 : 그럽시다.

제5과 학교시설

01 사전을 사러 가요

[들어봅시다]

🔊 ❶ 01~04 **[01]** 1. 편의점에 갑니다.
2. 사전 한 권에 15,000원입니다.
3. 무슨 사전을 살 거예요?
4. 저는 잡지를 사고 싶어요.

🔊 ❶ 05~09 **[02]** 1. 서점에서 무엇을 샀어요?
2. 어디에 가세요?
3. 오후에 바빠요? 오후에 뭐 할 거예요?
4. 어서 오세요. 뭘 찾으십니까?
5. 이 공책 얼마예요?

❶ 10~13 **[03]** 1. 남자 : 뭘 드릴까요?
여자 : 라떼 한 잔하고 키위 주스 한 잔 주세요.
2. 남자 : 모두 얼마예요?
여자 : 이 책은 2만 원이고 이 잡지는 3천 원입니다. 모두 2만 3천원입니다.
3. 여자 : 돈을 찾고 싶습니다.
남자 : 얼마를 찾습니까? 여기에 쓰고 사인하십시오.
4. 남자 : 오늘 학생식당 메뉴가 뭐예요?
여자 : 불고기도 있고 스파게티도 있어요.

❶ 14 **[04]** 제 리 : 어디에 가세요?
웨 이 : 학생회관 문구점에 가요.
제 리 : 뭘 사러 가세요?
웨 이 : 종이를 사러 가요.
제 리 : 종이요? 종이는 한 장에 얼마예요?
웨 이 : 한 장은 잘 모르겠어요.

❶ 15~16 **[05]** 1. 어제는 언니가 우리 학교를 구경하러 왔어요. 언니는 대학생이에요. 한국대학교에서 경영학을 공부해요. 언니와 학생회관에 갔어요. 학생회관에는 여러 가지 가게가 많아요. 커피숍에서 언니와 같이 커피를 마셨어요. 커피 값이 조금 비쌌어요. 한 잔에 4,000원이었어요. 우리는 이야기를 많이 했어요. 7시쯤 기숙사에 왔어요.
2. 제 리 : 웨이 씨, 어디에 가세요?
웨 이 : 운동하러 체육관에 가요.
제 리 : 날마다 체육관에 가세요?
웨 이 : 네, 날마다 가요. 저는 운동을 좋아해요.
제 리 : 저도 운동을 좋아해요. 체육관에 사람이 많아요?
웨 이 : 아니요, 보통 10명 쯤 있어요.

02 학생식당 메뉴가 뭐예요?

[들어봅시다]

❷ 01~04 **[01]** 1. 오늘 학생식당에 무슨 음식이 있어요?
2. 김치찌개는 좀 매워요.
3. 불고기가 맛있으니까 드세요.
4. 학생식당은 복잡하지 않아요?

❷ 05~09 **[02]** 1. 배가 고파요. 점심을 먹으러 갈까요?
2. 고기를 좋아합니까? 불고기를 먹을까요?
3. 웨이 씨, 오늘은 학생식당에서 먹읍시다.
4. 어서 오세요. 뭘 드릴까요?
5. 아주머니, 이 식당은 무슨 음식이 맛있어요?

❷ 10~13 **[03]** 1. 남자 : 뭘 드릴까요?
여자 : 갈비탕 하나 주세요

2. 남자 : 맛이 어때요?
   여자 : 이 자장면이 정말 맛있어요.
3. 남자 : 뭘 드릴까요?
   여자 : 미트소스 스파게티하고 콜라 한 잔 주세요.
4. 남자 : 맛있게 드셨습니까?
   여자 : 네, 아주 맛있었어요. 모두 얼마예요?

2 14 **[04]** 남자 : 어디에 가세요?
여자 : 점심을 먹으러 가요.
남자 : 무슨 음식을 좋아하세요?
여자 : 비빔밥을 좋아해요.
남자 : 비빔밥은 맵지 않아요?
여자 : 고추장을 조금만 넣으면 안 매워요.

2 15~16 **[05]** 1. 날마다 저는 기숙사 식당에서 점심하고 저녁을 먹습니다. 기숙사 식당은 음식이 싸고 맛있습니다. 날마다 메뉴가 다릅니다. 한국 음식, 중국 음식, 일본 음식, 양식이 있습니다. 보통 저는 아침에는 밥을 먹지 않습니다. 아침에는 시간이 없습니다. 그래서 우유 한 잔하고 과일을 빨리 먹고 학교에 갑니다.
2. 여자 : 웨이 씨, 점심 먹으러 갈까요?
   남자 : 네, 그럽시다. 어디에서 먹을까요?
   여자 : 학생식당이 싸고 맛있으니까 학생식당으로 갑시다.
   남자 : 학생식당은 무슨 음식이 제일 맛있어요?
   여자 : 제육볶음이 맛있어요. 저는 고기 요리를 좋아해요.
   남자 : 제육볶음은 맵지 않아요?

03 강의실이 몇 층에 있어요?

[들어봅시다]

3 01~04 **[01]** 1. 국제관 101호가 어디예요?
2. 저기 큰 건물이 문화센터입니다.
3. 사무실은 2층에 있습니다.
4. 요즘 고향 음악을 많이 들어요.

3 05~09 **[02]** 1. 실례지만, 도서관 건물이 어디에 있어요?
2. 저, 말씀 좀 묻겠습니다. 복사실이 1층에 있어요?
3. 저, 마리아 씨가 누구예요?
4. 영수 씨, 지금 뭐 하세요?
5. 어디를 찾으세요?

3 10~14 **[03]** 1. 남자 : 어딜 찾으세요?
   여자 : 우체국이 어디에 있어요?
   남자 : 저기 작은 건물 1층에 있어요.
2. 남자 : 이 건물 안에 한국어학당 사무실이 있습니까?

여자 : 아니요, 저기 높은 건물 안에 있어요.

3. 여자 : 데이빗 씨 강의실은 어디에 있어요?
   남자 : 저기 높은 건물 뒤 2층 건물 안에 있어요. 205호예요.
4. 남자 : 누굴 찾으세요?
   여자 : 여기 김지은 씨 계십니까?
   남자 : 저기 창문 앞에 있는 사람이에요.
5. 남자 : 누가 이영길 씨입니까?
   여자 : 칠판을 지우는 사람이 이영길 씨입니다.

③ 15 **[04]** 제 리 : 어딜 찾으세요?
웨 이 : 체육관이 어디에 있습니까?
제 리 : 체육관은 문화 센터 건물 뒤에 있습니다.
웨 이 : 문화 센터 건물이 멀어요?
제 리 : 바로 저 건물이에요.
웨 이 : 저기 하얀색 큰 건물이요?

③ 16~17 **[05]** 1. 이 사진은 쉬는 시간에 강의실에서 찍은 거예요. 커피를 마시는 사람이 철수 씨예요. 모자를 쓴 사람이 영수 씨예요. 영수 씨 옆에 에리코 씨가 있어요. 창문 앞에서 이어폰을 끼고 음악을 듣는 사람이 겐지 씨예요. 겐지 씨 앞에서 춤 연습을 하는 사람이 마리아 씨예요. 그리고 전화를 하는 사람이 저예요.

2. 남 : 선생님, 오늘 오후에 어디에 계십니까?
   여 : 3시까지 컴퓨터실에 있습니다.
   남 : 그리고 집에 가십니까?
   여 : 아니오, 5시까지 선생님들 방에 있습니다.
   남 : 그럼, 4시쯤 질문하러 가고 싶습니다.
   여 : 네, 국제관 317호에 있으니까 오세요.

제6과 학교생활

01 날마다 수업이 있지요?

[들어봅시다]

① 01~04 **[01]** 1. 한국말이 어렵지요?
2. 공부할 게 정말 많지요?
3. 오후에 우리 영화 보러 갈까요?
4. 웨이 씨, 날마다 숙제가 있어요?

① 05~08 **[02]** 1. 여자 : 어디에 가세요?
   남자 : 수업을 들으러 가요
   여자 : 무슨 수업을 들어요?
   남자 : 영어 수업을 들으러 가요.
2. 여자 : 미안하지만 교과서 좀 같이 볼까요?

남자 : 책이 없어요?

여자 : 네, 제가 교과서를 안 가지고 왔어요.

남자 : 그래요? 그럼 이리 오세요. 같이 봅시다.

3. 여자 : 웨이 씨, 누가 한국어를 가르치십니까?

남자 : 김 선생님이 가르치십니다.

여자 : 김 선생님은 중국어를 잘 하시지요?

남자 : 네, 그리고 영어도 잘 하세요.

4. 여자 : 아저씨, 이걸 수업시간에 다 배워요?

남자 : 네, 교과서가 좀 많지요?

여자 : 모두 다 얼마예요?

남자 : 음~, 4권 다 해서 5만 6천 원입니다.

여자 : 여기 있습니다.

남자 : 네, 감사합니다.

1 09~11 **[03]** 1. 남자 : 한국어 강의실은 어디에 있어요?

여자 : 우리 앞에 있는 11층 건물 4층에 있어요.

남자 : 몇 호실이에요?

여자 : 402호예요.

2. 여자 : 반 친구들이 모두 중국 사람이지요?

남자 : 아니에요, 다른 나라에서 온 친구들도 있어요.

여자 : 어느 나라에서 왔어요?

남자 : 일본에서 2명, 미국에서 1명, 프랑스에서 1명 왔어요. 중국 사람은 모두 6명이에요.

3. 여자 : 한국어 배우기가 어렵지요?

남자 : 네, 어렵지만 재미있어요.

여자 : 숙제도 많지요?

남자 : 아니요, 숙제는 많지 않아요. 하지만 날마다 공부할 단어와 문법이 많아요.

1 12~13 **[04]** 1. 남자 : 요즘 무슨 수업을 들어요?

여자 : 한국어와 영어, 수학 수업을 들어요.

남자 : 어느 수업이 제일 재미있어요?

여자 : 저는 수학 수업을 좋아합니다.

남자 : 수학 수업은 언제 있어요?

여자 : 월요일과 수요일에 있어요.

남자 : 어느 분이 가르치세요?

여자 : 김정호 교수님이 가르치세요.

남자 : 강의실이 어디예요?

여자 : 한국어학당 옆 건물 617호예요.

2. 여자 : 자, 이제 오늘 숙제를 말씀드리겠습니다.

남자 : 네? 죄송하지만 천천히 다시 한 번 말씀해 주세요.

여자 : 자, 오늘 숙제입니다. 오늘 교과서 10페이지에서 12페이지까지 배웠지요? 숙제 공책에 두 번 쓰십시오. 그리고 내일은 읽기책 3과를 배울 거예요. 3과 단어를 사전에서 찾아서 공부하십시오.
남자 : 와- 숙제가 너무 많아요. 공부할 것이 너무 많아서 힘들어요, 선생님.
여자 : 힘들지만 다음 주에 시험이 있으니까 열심히 공부합시다.

02 방학에 같이 여행가지 못해요

[들어봅시다]

2 01~05

[01] 1. 방학이 언제예요?
2. 여름 방학에 보통 뭘 했어요?
3. 마리아 씨, 이번 방학에 고향에 갈 거예요?
4. 웨이 씨, 운전을 잘해요?
5. 요즘 너무 바빠서 고향에 가지 못하는데 어떻게 하지요?

2 06~08

[02] 1. 여자 : 수영을 하니까 시원하지요?
남자 : 네, 역시 여름 방학에는 바다에 와서 노는 게 제일 좋아요.
여자 : 저기 낚시하는 사람들도 있어요.
남자 : 우리, 저녁 먹고 바닷가에서 산책합시다.
2. 남자 : 언제 돌아올 거예요?
여자 : 다음 달에 올 거예요.
남자 : 가서 맛있는 거 많이 먹고 오세요.
여자 : 네, 바쁜데 이렇게 나와 줘서 고마워요.
남자 ; 아니에요. 도착해서 꼭 전화하세요.
3. 여자 : 날마다 봉사 활동을 하러 가세요?
남자 : 아니요, 수요일마다 가요.
여자 : 가서 뭐 하세요?
남자 : 아픈 아이들에게 재미있는 이야기를 해 줘요.

2 09~11

[03] 1. 남자 : 겨울 방학에 어디에 여행갈까요?
여자 : 가까운 러시아가 어때요?
남자 : 러시아는 너무 추워요. 따뜻한 호주에 갑시다.
여자 : 좋아요. 그럽시다.
2. 남자 : 고향에 돌아가서 뭐 하고 싶어요?
여자 : 할머니 댁에도 가고 친구들도 만나고 싶어요.
남자 : 부모님께 드릴 선물은 샀어요?
여자 : 네, 어머니께 드릴 화장품과 가방을 샀어요. 아버지께 드릴 구두도 샀어요.
3. 여자 : 우리 휴가에 자동차 여행을 할까요?
남자 : 저는 운전을 하지 못하는데 어떻게 하지요?
여자 : 그럼, 버스를 탑시다.
남자 : 기차가 더 빠르고 편하지 않아요?

2 12~13 **[04]** 1. 오늘 시험이 끝나서 피곤합니다. 내일부터 방학이어서 기분은 참 좋습니다. 7월, 8월에는 수업이 없습니다. 방학에 저는 하고 싶은 일이 많습니다. 먼저 고향에 갔다 올 거예요. 제주도와 설악산에도 갈 거예요. 아침마다 일찍 일어나서 운동도 할 거예요. 한국 친구와 만나서 말하기 연습도 할 거예요. 지금까지 배운 것도 복습할 거예요.

2. 남자 : 방학에 여행을 많이 했어요?
여자 : 네, 많이 했어요. 아주 재미있었어요.
남자 : 정말이에요? 어디에 갔어요?
여자 : 처음에는 대만에 갔어요. 거기에서 한국어학당 친구들도 만나고 쇼핑도 많이 했어요. 그리고 인도네시아에도 가서 아름다운 바다를 구경했어요.
남자 : 일본에는 안 갔어요?
여자 : 네, 가고 싶었지만 물가가 너무 비싸서 못 갔어요.
남자 : 또 어느 나라에 갔어요?
여자 : 한국에 돌아와서 다시 중국에 갔어요. 중국에서는 여러 가지 맛있는 음식을 많이 먹었어요.
남자 : 싱가포르에도 갔지요?
여자 : 아니요, 돈도 없고 피곤해서 가지 않고 돌아왔어요.

03 기숙사 생활이 재미있어요?

[들어봅시다]

3 01~04 **[01]** 1. 누구 방이 더 커요?
2. 기숙사보다 하숙집이 좋아요?
3. 선생님, 말씀드릴 게 있는데요.
4. 기숙사에 문구점이 없어서 불편해요.

3 05~07 **[02]** 1. 남자 : 안녕하세요?
여자 : 네, 안녕하세요? 민우 씨도 빨래하러 오셨어요?
남자 : 네, 빨래할 게 많아요?
여자 : 네, 지난주에 시험이 있어서 하지 못했어요.

2. 남자1 : 뭐 재미있는 게 없어요? 좀 심심한데요.
남자2 : 재미있는 게임이 있어요. 같이 할까요?
남자1 : 그것보다 방에 가서 영화를 보는 게 더 재미있지 않아요? 어제 디브이디(DVD)를 하나 빌렸어요.
남자2 ; 좋아요. 커피 다 마시고 올라 갑시다.

3. 여자 : 거기에 모두 몇 명이 살아요?
남자 : 200명쯤 살아요.
여자 : 새 건물이어서 깨끗하고 좋지요?
남자 : 네, 하지만 취사실이 없어서 불편해요.

3 08~10 **[03]** 1. 여자 : 배가 고픈데 식당에 갈까요?

남자 : 식당은 여기에서 너무 멀어요. 기숙사 지하에 있는 편의점에 갑시다.
여자 : 거기에서 식사도 해요?
남자 : 네, 김밥이나 컵라면을 팔아요.

2. 여자 : 내일은 기숙사 방 친구 에리의 생일이에요.
남자 : 그래요? 그럼 선물을 사러 갑시다.
여자 : 에리가 책을 많이 읽으니까 선물로 책이 어때요?
남자 : 글쎄요, 책보다 옷이나 화장품이 더 좋지 않아요?

3. 여자 : 민철 씨 기숙사비가 웨이 씨 기숙사비보다 더 비싸요?
남자 : 네, 조금 더 많이 내요.
여자 : 마리아 씨 기숙사는 어때요? 민철 씨 기숙사비보다 더 비싸요?
남자: 아니요, 그렇지 않아요. 마리아 씨 기숙사비는 웨이 씨 기숙사비보다 훨씬 더 싸요.

🔊 ③ 11~12 **[04]** 1. 안녕하십니까? 우리 기숙사에서 이번 금요일에 크리스마스 파티를 합니다. 기숙사 시설을 구경하고 싶으신 분, 기숙사에 친구나 가족이 있는 분들! 모두 우리 기숙사로 놀러 오세요. 신나는 음악에 맞춰 춤도 춥시다. 노래도 부르고 게임도 합시다. 우리 모두 다 같이 즐겁게 시간을 보냅시다. 샌드위치와 과자는 기숙사에서 준비합니다. 여러분은 여러분이 마실 음료수를 가지고 오십시오. 술은 가지고 오지 못합니다. 그럼 이번 금요일 8시에 만나요!

2. 남자 : 마리아 씨, 기숙사 생활이 처음이어서 힘들지요?
여자 : 아니에요. 친구들이 많이 도와줘서 괜찮아요.
남자 : 한국에 와서 친구들을 많이 사귀었어요?
여자 : 네, 안나 씨와 리에 씨가 제 방 친구인데 제일 친해요.
남자 : 방을 같이 쓰니까 불편하지 않아요?
여자 : 아니요, 외롭지 않아서 좋아요. 가끔 안나 씨가 큰 소리로 노래를 불러요. 조금 시끄럽지만 괜찮아요.
남자 : 마리아 씨와 같은 나라 친구들도 많아요?
여자 : 아니요. 저 혼자예요.

제7과 교통

01 터미널이 어디에 있어요?

[들어봅시다]

🔊 ① 01~05 **[01]** 1. 실례지만 터미널이 어디에 있습니까?
2. 박물관이 학교에서 가까워요?
3. 공항에 뭘 타고 가요?
4. 택시를 타면 얼마나 걸려요?
5. 이 근처에 약국이 있습니까?

🔊 ① 06~08 **[02]** 1. 여자 : 민호 씨, 이 버스 서울역에 가요?

남자 : 네, 가요. 그런데 서울역에 왜 가세요?

여자 : 서울역에서 친구들과 만날 약속이 있어요. 부산에서 공부하는 친구와 광주에서 공부하는 친구가 와요.

남자 : 한국에 와서 고향 친구를 처음 만나요?

여자 : 네, 친구들을 만나면 너무 반가울 것 같아요.

2. 남자1 : 어디에 가세요?

남자2 : 공원에 축구하러 가요.

남자1 : 공원요? 공원이 어디에 있어요?

남자2 : 월드컵경기장 옆에 있어요.

남자1 : 공원이 좀 먼데요.

3. 여자 : 웨이 씨, 정문 앞에 있는 편의점이 서울편의점이지요?

남자 : 아니요, 한국편의점이에요.

여자 : 그럼 서울편의점은 어디에 있어요?

남자 : 캠퍼스타운역 옆에 있어요. 서울편의점에 가세요?

여자 : 네, 인터넷으로 주문한 책을 찾으러 가요.

1 09~11

[03] 1. 남자 : 저, 실례지만 여기 터미널에 가는 버스 있어요?

여자 : 아니요, 버스는 없고 지하철이 있어요.

남자 : 터미널에 가면 한옥마을에 가는 고속버스가 자주 있어요?

여자 : 네, 놀이공원에 가는 버스도 있어요.

남자 : 감사합니다.

2. 남자 : 저, 용인에 가는 버스는 몇 시에 출발해요?

여자 : 고속버스는 11시에 출발하고 시외버스는 지금 출발할 거예요.

남자 : 고속버스가 빨리 도착해요? 시외버스가 빨리 도착해요?

여자 : 시외버스는 정류장마다 서니까 고속버스가 빨라요.

남자 : 용인행 고속버스표 두 장 주세요.

3. 남자 : 신촌에 가는 버스, 여기에서 탑니까?

여자 : 아니요, 길 건너에서 타요. 길을 건넙시다.

남자 : 신촌까지 시간이 얼마나 걸립니까?

여자 : 보통 1시간쯤 걸려요.

남자 : 그래요? 그럼 약속 시간에 늦을 것 같은데요.

1 12~13

[04] 1. 영수 씨, 이번 토요일 저녁에 월드컵경기장에 축구 경기를 보러 갈 거예요. 우리 반 친구들과 같이 갈 거예요. 영수 씨도 시간이 있으면 같이 갑시다. 제 친구들을 소개하고 싶어요. 그런데, 영수 씨, 월드컵경기장이 어디에 있어요? 신촌에서 가까워요? 신촌에서 월드컵경기장까지 시간이 얼마나 걸려요? 저하고 친구들은 토요일에 점심을 먹고 출발할 거예요. 홍대 앞하고 신촌하고 연세대학교 캠퍼스를 구경하고 저녁을 먹을 거예요. 몇 시에 신촌에서 출발하면 좋을까요? 축구 경기는 8시에 시작해요. 그럼, 연락해 주세요.

2. 여자 : 웨이 씨, 방학에 뭐 할 거예요?

남자 : 부모님이 한국에 오실 거예요. 부모님이 오시면 같이 제주도에 갈 거예요.
여자 : 제주도에 가는 비행기는 어디에서 타요? 인천공항에서 타요?
남자 : 아니요, 김포공항에서 타요. 김포공항은 서울에 있어요.
여자 : 제주도까지 시간이 얼마나 걸려요?
남자 : 김포공항에서 비행기로 50분쯤 걸려요.
여자 : 어떻게 그렇게 잘 알아요?
남자 : 인터넷에서도 보고 여행사에 전화를 걸어서 물어봤어요.
여자 : 저도 다음에 부모님이 오시면 같이 제주도에 가고 싶어요

02 지하철이 빨라요

[들어봅시다]

❷ 01~05
[01] 1. 주말에 한옥마을에 같이 갈까요?
2. 케이티엑스(KTX)가 편해요? 고속버스가 편해요?
3. 여기서 놀이공원까지 어떻게 가요?
4. 한강에 유람선을 타러 갈 거예요.
5. 버스가 빨라요? 지하철이 빨라요?

❷ 06~08
[02] 1. 여자 : 실례지만 롯데월드에 몇 번 버스가 갑니까?
남자 : 지하철을 타세요. 지하철이 빨라요.
여자 : 아, 그렇습니까? 몇 호선을 탑니까?
남자 : 2호선을 타세요. 잠실역에 내려서 4번 출구로 나가세요.
여자 : 고맙습니다.
2. 여자 : 방학하면 친구들과 기차로 부산에 갈 거예요.
남자 : 기차로 가면 시간이 많이 걸리지 않아요?
여자 : 아니에요, 서울에서 부산까지 케이티엑스(KTX)로 2시간 50분 걸려요.
남자 : 케이티엑스(KTX)요? 케이티엑스(KTX)는 비싸지 않아요?
여자 : 한 달 전에 예매하면 30%쯤 싸요.
3. 가 : 주말에 서울역사박물관에 갈 건데 같이 갈까요?
나 : 역사박물관 앞까지 가는 버스가 있어요?
가 : 네, 학교 앞에도 있고 신촌지하철역 근처에도 있어요.
나 : 주말에는 사람이 많을 것 같은데 오늘 오후에 가면 어때요?
가 : 네, 좋아요. 그럼 한 시에 수업이 끝나면 전화하세요.

❷ 09~11
[03] 1. 남자 : 늦었는데 택시를 타고 갈까요?
여자 : 아니요, 지금 교통이 복잡해서 시간이 많이 걸릴 것 같아요.
남자 : 그럼, 뭘 타고 갈까요?
여자 : 지하철을 타고 갑시다.
남자 : 그럽시다, 그럼 빨리 뛥시다.
2. 여자 : 어서 오세요. 뭘 도와 드릴까요?
남자 : 8월 20일에 제주도에 가는 비행기표 있어요?

여자 : 네, 있습니다. 혼자 가세요?
남자 : 네, 혼자 갈 거예요.
여자 : 돌아오는 비행기표는 필요 없으세요?

3. 남자 : 내일 뭐 해요?
여자 : 친구하고 한국 영화를 볼 거예요.
남자 : 근처에 좋은 극장이 있어요?
여자 : 신촌 지하철역에서 3번 출구로 나가면 서울극장이 있어요. 새로 지어서 아주 깨끗해요. 거기서 볼 거예요.
남자 : 신촌에 좋은 극장들이 많은 것 같아요.

2 12~13 **[04]** 1. 토요일 저녁에 야구 경기를 보러 갔습니다. 한국과 쿠바의 경기였습니다. 우리 반 친구들과 선생님과 같이 갔습니다. 캠퍼스타운역에서 1호선을 탔습니다. 경기장역까지 15분쯤 걸렸습니다. 경기장역에 내려서 야구장까지 10분쯤 걸어서 갔습니다. 야구장에 7시쯤 도착했습니다. 야구장에는 사람들이 많았습니다. 빨간색 셔츠를 입은 사람이 많았습니다. 경기도 보고 사람도 구경했습니다. 재미있는 하루였습니다.

2. 여자 : 네, 부산여행사입니다.
남자 : 저, 다음 주말에 제주도에 가는 배표를 예약하고 싶은데요.
여자 : 네, 다음 주 금요일 저녁에 출발하는 배가 있습니다.
남자 : 부산에서 제주도까지 시간이 얼마나 걸려요?
여자 : 저녁 7시에 출발해서 다음날 아침 6시에 도착합니다.
남자 : 배를 그렇게 오래 타면 힘들지 않아요?
여자 : 침대가 있어서 주무실 수 있어요. 예약해 드릴까요?
남자 : 네, 그런데 3명만 들어가는 방도 있어요?
여자 : 3인실로 하시면 되겠네요.
남자 : 그래요? 그럼 다음주 금요일, 3인실 침대방으로 예약해 주세요.

03 예술회관 앞에 내리면 돼요

[들어봅시다]

3 01~05 **[01]** 1. 버스가 안 오는데요.
2. 손님, 어디로 갈까요?
3. 학교 안으로 들어갑니까?
4. 웨이 씨가 왜 저렇게 뛰어가요?
5. 오후에 도서관에서 같이 공부할까요?

3 06~08 **[02]** 1. 여자 : 신촌에 있는 한국아파트로 가 주세요.
남자 : 아파트 안으로 들어갑니까?
여자 : 아니요, 안 들어가요. 정문 앞에 내려 주세요.
--------(잠시 후)---------
남자 : 어디에 세울까요?

여자 : 저 횡단보도 앞에 세워 주세요.

2. 남자 : 저기 앉을까요?

여자 : 아니요, 우리는 다음 역에 내릴 거예요. 다음 역에서 내리는 사람이 많으니까 문쪽으로 갑시다.

남자 : 네, 그럽시다.

--------(잠시 후)---------

남자 : 정말 사람이 많이 내리는데요. 왜 여기에서 많이 내려요?

여자 : 이 근처에 대학교하고 사무실이 많아서 그런 것 같아요.

3. 남자 : 오늘 영수 씨 집에 몇 시에 갈 거예요?

여자 : 저녁을 먹고 갈 거예요.

남자 : 그럼 너무 늦지 않아요? 저는 일찍 가고 싶은데, 영수 씨 집이 멀어요?

여자 : 아니요. 학교 정문 근처에 있어요.

남자 : 그래요? 그럼 저녁을 일찍 먹고 갑시다.

❸ 09~11

[03] 1. 남자 : 이번 일요일에 미미 씨도 같이 갈 거죠?

여자 : 네? 일요일에 어디에 가요?

남자 : 친구들하고 같이 문학산에 올라가기로 했어요.

여자 : 어디에서 만날 거예요?

남자 : 8시까지 선학역 4번 출구로 오세요.

여자 : 네, 그때 만나요.

2. 남자 : 저, 지금 지하철역에 내렸어요.

여자 : 그럼 1번 출구로 나와서 똑바로 오세요. 20m쯤 가면 현대약국이 있고 조금 더 오면 은행이 있어요. 은행 옆 길로 들어오세요.

남자 : 그런데 집 근처에 과일가게가 있어요? 친구들이 과일을 사고 싶어 해요.

여자 : 그래요? 과일가게는 약국하고 은행 사이에 있어요.

3. 여자 : 웨이 씨, 지금 어디에 있어요?

남자 : 지금 하하식당에 도착했어요. 마리아 씨도 빨리 오세요.

여자 : 거기가 어디예요? 어떻게 가요?

남자 : 세브란스 병원 앞에서 횡단보도를 건너서 쭉 오세요. 왼쪽에 창천교회가 있어요. 창천교회 쪽으로 오세요. 창천교회를 지나면 편의점이 있고 그 옆에 하하식당이 있어요.

여자 : 네, 지금 가요.

❸ 12~13

[04] 1. 안녕하세요? 웨이 씨. 일요일 저녁에 예술회관에서 콘서트가 있어요. 웨이 씨가 좋아하는 소녀시대하고 2PM, 슈퍼주니어도 나와요. 같이 보러 갑시다. 콘서트는 6시에 시작해요. 예술회관 위치를 아세요? 콘서트는 6시에 시작하지만 일찍 들어가면 좋을 것 같아요. 늦게 가면 좋은 자리가 없을 것 같아요. 우리 학교 앞에서 4시쯤 만나서 같이 갈까요? 연락해 주세요.

2. 여자 : 웨이 씨, 한국말 공부를 어떻게 해요?

남자 : 도서관에서 혼자 해요.

여자 : 그래요? 저는 오늘부터 한국인 친구와 같이 공부할 거예요. 웨이 씨도 같이 공부할까요?

남자 : 네, 저도 같이 하고 싶어요. 어디에서 공부할 거예요?

여자 : 그 친구가 학교 근처에 살아요. 학교 앞 한국아파트 알지요?

남자 : 잘 모르는데요.

여자 : 정문 앞에서 길을 건너면 서울 아파트가 있고 그 왼쪽에 한국 아파트가 있어요. 친구 집이 거기예요. 110동 605호예요. 5시까지 오세요.

제8과 전화

01 전화번호 좀 가르쳐 주세요

[들어봅시다]

❶ 01~04

[01] 1. 여보세요, 거기 정희 씨 집이지요?

2. 여보세요, 철수 씨 계세요?

3. 여보세요? 거기 2323-4587이지요?

4. 여보세요? 여기 사무실인데요. 제임스 씨 휴대 전화 번호가 몇 번입니까?

❶ 05~07

[02] 1. 남자 : 여보세요? 밍밍 씨, 저 마이클인데요.

여자 : 아, 안녕하세요? 마이클 씨, 그런데 무슨 일이세요?

남자 : 리에 씨 전화번호를 아시면 좀 가르쳐 주세요.

여자 : 네, 알아요. 010-1234-3798이에요.

2. 남자 : 여보세요? 리에 씨, 저 웨이예요. 점심 먹었어요?

여자 : 네, 조금 전에 먹었어요. 웨이 씨는요?

남자 : 저도 학생식당에서 방금 먹었어요. 저, 그런데 리에 씨, 토요일에 뭐 하세요? 별일 없으면 우리 탁구 치러 갑시다.

여자 : 네, 좋아요. 그럽시다.

3. 남자 : 거기 안내지요?

여자 : 네, 무슨 일이시지요? 방이 불편하십니까?

남자 : 아니에요. 비행기표를 사고 싶어서 전화했어요. 저, 여행사 전화번호를 알 수 있을까요?

여자 : 네, 물론이지요. 285-4243으로 전화해 보세요.

❶ 08~10

[03] 1. 남자 : 미선 씨, 전화번호 좀 가르쳐 주십시오.

여자 : 이삼이삼에 칠팔일이예요.

남자 : 미안하지만 다시 한 번 천천히 말씀해 주십시오.

여자 : 이-삼-이-삼에 칠-팔-일-이예요.

2. 남자 : 여보세요? 마리아 씨 집이지요?

여자 : 몇 번에 거셨어요?

남자 : 2756-8519 아닙니까?

여자 : 여기는 8219인데요.

3. 남자 : 리리 씨, 제 휴대 전화 못 봤어요?
여자 : 조금 전에 전화하고 가방에 넣지 않았어요?
남자 : 네, 그런데 가방에도 책상 위에도 없어요.
여자 : 찾으면 연락할게요. 집 전화번호를 가르쳐 주세요.

❶ 11~12 [04] 1. 남자 : 여보세요? 저는 웨이인데 정희 씨 있어요?
여자 : 아, 웨이 씨, 웬일이에요?
남자 : 네, 마리아 씨 전화번호를 몰라서요.
여자 : 집 전화요?
남자 : 아니요, 휴대 전화요.
여자 : 마리아 씨 번호는 010-1234-1004번이에요.
남자 : 네, 고맙습니다.
여자 : 그런데 웨이 씨, 저녁 6시부터 9시까지는 전화하지 마세요. 마리아 씨가 식당에서 아르바이트를 하니까요.
남자 : 네, 알겠습니다. 아르바이트가 끝난 후에 할게요.
여자 : 그럼 내일 학교에서 만나요.
남자 : 네, 안녕히 계세요.

2. 여러분, 전화번호를 몰라서 전화를 못한 일이 있지요? 전화번호를 모르면 114에 전화를 거세요. 친절한 안내원이 여러분이 알고 싶어하는 전화번호를 가르쳐줄 거예요. 불이 나면 어디로 전화할까요? 119로 전화하십시오. 빨간 소방차가 금방 달려올 거예요. 내일 소풍을 가세요? 131에 전화하세요. 내일의 날씨를 말해 줍니다. 116번은 무슨 번호일까요? 정확한 시간을 가르쳐주는 번호예요.

02 휴대전화로 영화를 볼 수 있어요

[들어봅시다]

❷ 01~05 [01] 1. 민수 씨한테서 전화 받았어요?
2. 언제 전화할 거예요?
3. 오늘 6시에 만날 수 있어요?
4. 출발하기 전에 저한테 전화해 주세요.
5. 휴대전화로 뭘 하려고 해요?

❷ 06~08 [02] 1. 여자 : 거기 여행사지요?
남자 : 네, 그런데요. 무엇을 도와드릴까요?
여자 : 이번 토요일에 베이징으로 가는 비행기 표를 살 수 있어요?
남자 : 물론이지요. 몇 시 비행기로 가고 싶으세요?

2. 여자 : 여보세요, 거기 정호 씨 집이지요?
남자 : 어~ 마리아 씨, 이 밤에 무슨 일이에요?
여자 : 저~~ 미안하지만, 내일 사진기 좀 빌려 줄 수 있어요?
남자 : 네, 그럴게요.

3. 여자 : 여보세요, 민수씨, 왜 이렇게 안 오세요?

남자 : 미안합니다. 30분을 기다렸지만 버스가 오지 않아요. 아마 사고가 난 것 같아요. 먼저 식사하세요.
여자 : 아니에요. 기다릴게요.
남자 : 그럼 택시 타고 빨리 갈게요.

2 09~11 **[03]** 1. 남자 : 안녕하십니까? 연세 호텔입니다.
여자 : 1509호 좀 부탁합니다.
남자 : 네, 잠깐만 기다리십시오.
---------(잠시 후)---------
남자 : 지금 통화중입니다. 조금 기다리십시오.
여자 : 아니에요, 10분 후에 제가 다시 전화할게요.

2. 남자 : 네, 박 영수입니다.
여자 : 영수 씨. 저 마리아예요. 내일 산에 가는 거 때문에 전화했어요. 마실 물과 사진기만 가지고 가요?
남자 : 간단하게 먹을 것도 준비하세요.
여자 : 과일이나 샌드위치를 가지고 갈까요?
남자 : 네, 날씨가 추울 수도 있으니까 긴 팔 옷도 한 벌 가방에 넣으세요.

3. 여자 : 여보세요? 에릭 씨 집이지요?
남자 : 네, 제가 에릭인데요.
여자 : 에릭 씨, 저 리리예요.
남자 : 안녕하세요? 리리 씨, 그런데 무슨 일이에요?
여자 : 스즈키 씨가 고향에 돌아가기 전에 다 같이 모여 송별회를 하려고 해요. 6시까지 학교 앞 중국집으로 올 수 있어요?

2 12~13 **[04]** 1. 남자 : 여보세요? 실례지만, 거기 마리아 씨 집이지요?
여자 : 네, 맞는데요. 누구세요?
남자 : 저 웨이입니다. 그런데 마리아 씨, 금요일에 누구하고 영화를 보러 가요?
여자 : 에리 씨, 철수 씨 그리고 저, 이렇게 가요.
남자 : 몇 시에 어디에서 만나요?
여자 : 아침 8시 30분에 극장 앞에서 만날 거예요. 아침 일찍 보면 싸니까요.
남자 : 저도 같이 갈 수 있을까요?
여자 : 그럼요. 8시 30분까지 오세요. 출근 시간이어서 사람도 많고 길도 복잡할 거예요. 집에서 일찍 출발하세요.
남자 : 네, 그럼 내일 봐요. 늦을 것 같으면 전화할게요.

2. 여자 : 민철 씨, 여기 있었군요. 같이 시험공부를 하고 싶어서 찾았어요.
남자 : 아, 마리아씨, 잠깐만요. 이 영화를 다 본 후에 같이 공부합시다.
여자 : 어, 휴대전화로 영화도 볼 수 있어요?
남자 : 그럼요. 이메일도 보낼 수 있어요.
여자 : 그래요? 어디 좀 보여주세요.
남자 : 여기 있어요. 신문도 볼 수 있고 … 참 편해요.

여자 : 저도 새 전화를 하나 사고 싶은데요.
남자 : 그럼 같이 여러 가지 전화를 구경해 볼까요? 제 전화로 쇼핑도 할 수 있어요.
여자 : 와, 정말요? 어디 봐요.

03 잠깐만 기다리세요

[들어봅시다]

3 01~05 **[01]** 1. 여보세요? 철수 씨 좀 부탁합니다.
2. 저 마이클인데요, 지금 통화할 수 있어요?
3. 여보세요, 정희 씨 좀 바꿔 주세요.
4. 지금 전화 괜찮아요?
5. 잠시만 기다리세요. 바꿔 드릴게요.

3 06~08 **[02]** 1. 여자 : 웨이 씨, 웬일이세요?
남자 : 선생님, 좀 걱정이 되어서 전화 드렸습니다. 교과서만 공부했는데 괜찮을까요?
여자 : 친구하고 말하기도 많이 연습하세요.
남자 : 어떻게 공부하면 좋은 점수를 받을 수 있어요?
2. 여자 : 안녕하세요? 김미정입니다. 7월 5일부터 12일까지 휴가여서 회사에 나오지 않습니다. 메시지를 남겨 주십시오. 급한 일이시면 휴대전화 010-1234-8975로 연락하십시오. 감사합니다.
3. 남자 : 지금은 수업 중이어서 전화를 받을 수 없습니다. 메시지를 남겨주십시오.
---삐---
여자 : 선생님, 저는 마리아입니다. 오늘 회사에 중요한 회의가 있습니다. 그래서 수업을 들을 수 없습니다. 죄송합니다. 날씨가 춥습니다. 감기 조심하십시오. 내일 뵙겠습니다.

3 09~11 **[03]** 1. 남자 : 여보세요, 밍밍 씨 집이지요?
여자 : 네, 그런데요.
남자 : 죄송하지만 밍밍 씨 좀 바꿔 주세요.
여자 : 지금 자고 있는데 깨울까요?
2. 남자 : 여보세요, 기숙사지요?
여자 : 네, 그런데요.
남자 : 저는 안나 씨 친구 에릭이에요. 안나 씨 방에 있어요?
여자 : 아, 네, 안녕하세요? 안나는 휴게실에서 친구와 같이 숙제하고 있어요.
3. 남자 : 안녕하십니까? 김민호입니다. 저는 지금 집에 없습니다. 메시지를 남겨 주십시오.
-------삐-------
여자 : 저 마리아인데요. 오늘 저녁에 영화 보러 가지 못할 것 같아요. 고향에서 부모님께서 오셨어요. 정말 미안해요. 제가 나중에 다시 전화할게요.

3 12~13 **[04]** 1. 여자1 : 여보세요, 철수 씨 있어요?

여자2 : 실례지만 누구세요?

여자1 : 저는 김정희인데요. 철수 씨 좀 바꿔 주세요.

여자2 : 네, 잠깐만요.

--------(잠시 후)---------

남자 : 네, 전화 바꿨습니다.

여자1 : 안녕하세요? 정희예요. 뭐 하고 있었어요?

남자 : 축구를 보고 있었어요. 한국과 미국이 지금 경기를 하고 있어요.

여자1 : 숙제 때문에 전화했는데 그럼 지금 통화할 수 없어요?

남자 : 정말 미안하지만 제가 30분 후에 다시 전화할게요. 30분만 기다려 주세요.

2. 남자 : 여보세요, 저 웨이인데요. 수미 씨 좀 바꿔 주세요.

여자 : 아, 웨이 씨, 저예요. 전화를 늦게 받아서 미안해요. 저녁 식사 준비를 하고 있었어요.

남자 : 오늘 전화를 몇 번 했는데 집에 안 계셨어요?

여자 : 아니요, 오늘 하루 종일 집에 있었어요. 몇 시쯤 전화했는데요?

남자 : 10시쯤 하고 4시쯤 전화했어요.

여자 : 미안해요. 텔레비전을 보고 있었어요. 소리가 너무 커서 전화벨 소리를 못 들은 것 같아요. 그런데 무슨 일로 전화했어요?

남자 : 내일 2시에 연세대학교 동문회관에서 김 선생님 결혼식이 있어요. 그래서 내일 12시 반에 반 친구들과 만나서 같이 가려고 하는데 수미 씨도 갈 수 있어요?

여자 : 네, 그럼요. 전화해 줘서 고마워요.

제9과 날씨와 계절

01 비가 그치면 갑시다

[들어봅시다]

❶ 01~05

[01] 1. 자전거를 타러 갈까요?

2. 창문을 열어도 돼요?

3. 제주도 날씨 어땠어요?

4. 어디에서 케이블카를 탈 수 있어요?

5. 어떤 날씨를 좋아하세요?

❶ 06~08

[02] 1. 여자 : 마이클 씨, 내일 같이 등산을 갈까요?

남자 : 네. 저도 산에 가고 싶었어요.

여자 : 그래요? 등산을 자주 해요?

남자 : 아니요, 가끔 해요. 요즘 날씨가 좋아서 산에 올라가면 경치가 좋을 것 같아요.

여자 : 그럼, 내일 아침에 기숙사 앞에서 만나요.

2. 여자 : 주말에 뭐 했어요?

남자 : 63빌딩에 갔어요. 날씨가 맑아서 서울 시내를 다 볼 수 있었어요.
여자 : 그래요? 63빌딩이 어디에 있어요?
남자 : 여의도에 있어요. 마리아 씨는 주말에 뭐 했어요?
여자 : 저는 집에서 쉬었어요. 그리고 가족들에게 이메일도 보냈어요.

3. 남자 : 이 사람이 누구예요?
여자 : 한국 친구예요. 아주 친한 친구예요.
남자 : 그래요? 어떻게 만났어요?
여자 : 비가 오는 날 이 친구가 저한테 우산을 빌려 주었어요.
남자 : 그래서 친구가 됐어요?

🔊 ❶ 09~11

[03] 1. 남자 : 몇 시까지 도서관에서 공부할 거예요?
여자 : 우산이 없어서 비가 그치면 기숙사에 가려고 해요.
남자 : 저녁 식사는 어떻게 할 거예요?
여자 : 조금 이따가 도서관 지하 식당에서 간단히 먹을 거예요.
남자 : 배고프지 않아요? 지금 갑시다.

2. 남자 : 요즘도 아침마다 공원에서 자전거를 타세요?
여자 : 네, 눈이나 비가 오지 않으면 항상 공원에 가요.
남자 : 그럼, 날씨가 안 좋은 날은 뭐 해요?
여자 : 체육관에서 달리기를 해요.
남자 : 정말 운동을 좋아하는 것 같아요.

3. 여자 : 눈이 오는데요.
남자 : 식당까지 택시를 타고 갈까요?
여자 : 오늘 시내가 많이 복잡할 것 같아요.
남자 : 길이 미끄러워서 시간도 많이 걸릴 것 같아요.
여자 : 그래요? 그럼 중국 식당엔 다음에 갑시다.

🔊 ❶ 12~13

[04] 1. 오전에는 비가 왔는데 오후에는 날씨가 좋았습니다. 오후에 한강에 유람선을 타러 갔습니다. 날씨가 맑아서 배 위에서 보는 경치가 더 아름다웠습니다. 바람이 불어서 참 시원했습니다. 배에서 내려서 63빌딩에 갔습니다. 63빌딩 수족관에는 물고기를 보러 온 아이들이 많았습니다. 시내를 보고 싶어서 전망대에 올라갔습니다. 날씨가 좋아서 시내를 잘 볼 수 있었습니다. 서울 시내가 아주 크고 아름다웠습니다.

2. 남자 : 날씨가 흐린데요. 금방 눈이 올 것 같아요.
여자 : 저는 눈이나 비가 오는 날씨를 좋아하는데 제리 씨는 어때요?
남자 : 저는 비가 온 후에 갠 날씨를 좋아해요. 공기가 깨끗해서 좋아요.
여자 : 저는 눈이나 비가 오는 날 우산을 쓰고 천천히 걷는 게 좋아요. 그렇게 걸으면 기분이 참 좋아요.
남자 : 그럼 지금 나갈까요? 걷고 있으면 눈이 내릴 거예요.
-------(잠시 후)-------
여자 : 이렇게 걸으니까 기분이 좋지요?

남자 : 네, 좋아요. 그런데 이제 눈이 그쳤어요.

02 어느 계절을 좋아하세요?

[들어봅시다]

2 01~05

[01] 1. 한국의 봄은 어때요?
2. 한국은 9월에도 좀 더운데 제리 씨 고향은 어때요?
3. 일요일에 바다에 가서 수영을 할 거예요.
4. 이번 여름에 제주도에 가려고 해요.
5. 어느 계절을 좋아하세요?

2 06~08

[02] 1. 여자 : 영수 씨, 잘 도착했어요?
남자 : 네, 금방 도착했어요. 서울은 쌀쌀했는데 여긴 따뜻해요.
여자 : 제주도는 바람이 많이 불지 않아요?
남자 : 보통 바람이 많이 부는데 오늘은 그렇지 않은데요.
여자 : 그래요? 서울에는 지금 바람이 많이 부는데요.
2. 여자 : 지리산 여행 어땠어요?
남자 : 좋았어요. 그런데 매일 비가 와서 사진을 찍을 수 없었어요.
여자 : 며칠 동안 계속 걷는 게 힘들지 않았어요?
남자 : 네, 경치가 너무 아름다워서 힘들지 않았어요. 여러 가지 색깔의 단풍이 정말 예뻤어요.
3. 남자 : 여기가 어디예요?
여자 : 모스크바예요. 지난 방학 때 여행 가서 찍은 거예요.
남자 : 건물들이 정말 멋있어요.
여자 : 거리에서 문화와 역사를 느낄 수 있었어요.
남자 : 날씨가 추웠어요? 사람들이 모두 코트를 입고 모자를 썼는데요.

2 09~11

[03] 1. 남자 : 한국은 언제 비가 많이 와요?
여자 : 6월과 7월에 비가 많이 와요.
남자 : 그때가 장마철이에요?
여자 : 네, 아침부터 저녁까지 비가 올 때도 있어요.
남자 : 제 고향에서는 9월이 장마철이에요.
2. 여자 : 제 고향은 중국 상하이인데 카일 씨 고향은 어디예요?
남자 : 스페인 마드리드예요.
여자 : 요즘 여기는 날씨가 선선한데 마드리드는 날씨가 어때요?
남자 : 기온이 33도까지 올라가서 아주 더워요.
여자 : 저는 조금 더운 날씨가 좋아요.
3. 남자 : 방학이 언제부터 언제까지예요?
여자 : 6월 17일부터 방학이에요.
남자 : 방학에 고향에 갈 거예요?
여자 : 아니요, 방학하면 바로 계절 학기 수업이 시작돼요. 저는 한국어와 영어를

공부할 거예요.
남자 : 날씨가 더워서 힘들 것 같아요.
여자 : 에어컨이 있으니까 시원할 거예요.

🔊 ❷ 12~13 **[04]** 1. 지난 4월에 싱가포르에 갔다 왔어요. 한국은 쌀쌀했는데 싱가포르는 더웠어요. 한국은 사계절이 있는데 싱가포르는 1년 내내 여름이에요. 한국에서는 봄에도 스웨터를 입는데 싱가포르에서는 반팔 옷을 입어요. 밖은 더워서 땀이 많이 났지만 건물안은 에어컨이 있어서 아주 시원했어요.

2. 남자 : 오늘 아침은 선선하지요?
여자 : 네, 이제 여름이 끝난것 같아요.
남자 : 이번 여름은 정말 더웠어요.
여자 : 네, 날마다 이렇게 선선했으면 좋겠어요. 그래서 저는 가을이 좋아요.
남자 : 저도 선선한 날씨를 좋아하지만 여름과 겨울도 좋아요.
여자 : 여름은 너무 덥고, 겨울은 너무 춥지 않아요?
남자 : 그렇지만 항상 같은 계절이면 지루할 것 같아요.
여자 : 그렇군요. 저도 겨울에 하얀 눈을 보고 싶어요.

03 스키를 타러 갈까요?

[들어봅시다]

🔊 ❸ 01~05 **[01]** 1. 꽃이 많이 피었어요.
2. 스키장에 사람이 많을까요?
3. 내일 단풍 구경 하러 지리산에 갈 거예요.
4. 등산을 좋아하세요?
5. 내일 수영하러 갈까요?

🔊 ❸ 06~08 **[02]** 1. 남자 : 오늘은 날씨가 갰어요.
여자 : 이렇게 맑은 날에는 소풍을 가고 싶어요.
남자 : 네, 소풍 가서 맛있는 김밥도 먹고 노래도 부르면 좋을 것 같아요.
여자 : 그럼, 우리 내일도 날씨가 좋으면 소풍을 갈까요?
남자 : 네, 내일은 비가 안 올 것 같아요.

2. 남자 : 어제 인사동에 갔다 왔어요.
여자 : 인사동에 뭐가 있어요?
남자 : 인사동에는 한식집, 한국 찻집, 도자기 가게가 많이 있어요.
여자 : 쇼핑도 했어요?
남자 : 아니요, 구경만 했어요. 가을에 햇볕이 좋은 날 인사동을 걸어 보세요. 기분이 좋을 거예요.

3. 남자 : 내일 여의도로 꽃구경을 갈 건데 같이 갈까요?
여자 : 사람이 많지 않을까요?
남자 : 그럼, 오늘 저녁에 가면 어때요?
여자 : 네, 좋아요. 오늘 저녁은 괜찮을 것 같아요.

남자 : 그럼, 오후 4시에 기숙사 로비에서 만나요.

❸ 09~11 **[03]** 1. 남자 : 한국 사람들은 왜 설악산에 등산을 많이 가요?
여자 : 설악산 경치가 아름다워서 그래요.
남자 : 등산이 힘들지 않아요?
여자 : 힘들면 케이블카를 타고 올라가면 돼요.
남자 : 케이블카를 타고 올라갈 수 있어요?

2. 여자 : 저 관광버스엔 할머니들이 많은데요.
남자 : 할머니들이 다 같이 단풍 구경하러 가는 거예요.
여자 : 어디로 가요?
남자 : 보통 높지 않은 산으로 많이 가는 것 같아요.
여자 : 와, 할머니들이 산에 올라가는군요.

3. 남자 : 언제쯤 꽃이 필까요?
여자 : 3월이니까 곧 필 거예요.
남자 : 한국에서 봄에 피는 꽃은 무슨 꽃이에요?
여자 : 노란 개나리하고 분홍 진달래예요.
남자 : 빨리 꽃이 피었으면 좋겠어요.

❸ 12~13 **[04]** 1. 남자 : 이 공원에 자주 오세요?
여자 : 아니요, 가끔 와서 산책도 하고 자전거도 타요. 웨이 씨, 우리 자전거를 탈까요? 저기에서 빌려서 탈 수 있어요.
----(잠시 후)-----
남자 : 미미 씨, 자전거를 정말 잘 타는데요.
여자 : 고마워요, 저는 가끔 자전거 여행을 해요.
남자 : 저도 빨리 잘 타고 싶어요. 자전거를 잘 타면 저도 자전거를 타고 한국을 여행하고 싶어요.
여자 : 그래요? 따뜻한 봄이 되면 같이 갑시다.

2. 안녕하세요? 연세스키장에 오신 것을 환영합니다. 저는 오늘과 내일 여러분에게 스키를 가르칠 김영수입니다. 만나서 반갑습니다. 무서워서 스키를 타지 못하는 분들이 많습니다. 그렇지만 스키는 무서운 운동이 아닙니다. 잘 배운 후에 타면 안전하고 재미있는 운동입니다. 오늘은 눈 위에서 넘어지는 연습을 하려고 합니다. 넘어질 때는 앞으로 넘어지면 안 됩니다. 스키를 타고 내려갈 때 넘어질 것 같으면 그 자리에 앉아야 합니다. 여러분, 모두 뒤로 넘어질 준비가 됐습니까? 눈 위에 앉을 준비가 됐습니까?

제10과 음식

01 어떤 음식이에요?

[들어봅시다]

❶ 01~05 **[01]** 1. 감자탕은 어떤 음식이에요?

2. 비빔밥은 어떻게 먹어요?
3. 한국에서 자장면을 먹어봤어요?
4. 뭘 드시겠습니까?
5. 반찬 좀 더 드릴까요?

1 06~08 [02] 1. 남자 : 저 음식 이름이 뭐예요?
여자 : 설렁탕이에요. 먹어 봤어요?
남자 : 아니요, 못 먹어 봤어요. 어떻게 먹는 거예요?
여자 : 소금과 파를 넣어서 드세요.
남자 : 얼마나 넣어요?

2. 남자 : 여기 앉읍시다.
여자 : 이 식당은 무슨 음식을 잘 해요?
남자 : 돼지갈비가 괜찮아요. 드시겠어요?
여자 : 돼지갈비요? 아니요, 저는 돼지고기를 먹지 못해요.
남자 : 그럼, 냉면을 드세요. 이 집 냉면도 맛있어요.

3. 남자 : 이 식당 청국장이 맛있는데 들어갈까요?
여자 : 청국장요? 처음 들었어요.
남자 : 그래요? 맛도 있고 건강에도 좋은 음식이에요.
여자 : 저도 먹어보고 싶어요.
남자 : 그럼 들어갑시다.

1 09~11 [03] 1. 남자 : 수정과 드세요. 한국 전통 음료예요.
--------- (잠시후) ---------
여자 : 시원해서 좋은데요.
남자 : 곶감도 드세요. 그 안에 들어있는 게 곶감이에요.
여자 : 정말 달고 맛있어요.
남자 : 다음엔 제가 식혜를 사 드릴게요. 식혜도 전통 음료인데 맛있어요.

2. 남자 : 여기 메뉴판에 음식 사진이 있는데요.
여자 : 이 해물 칼국수가 맛있을 것 같아요.
남자 : 삼계탕은 어때요?
여자 : 글쎄요, 그것도 괜찮지만 점심때도 삼계탕을 먹어서요.
남자 : 그럼, 저도 해물 칼국수로 할게요.

3. 남자 : 이 근처에 인도 식당이 있는데 같이 갈까요?
여자 : 네, 그런데 그렇게 맛있어요?
남자 : 네, 맛있어요. 여러 가지 카레라이스가 있어요.
여자 : 뭘 자주 드세요?
남자 : 코코넛카레라이스를 좋아해요.

1 12~13 [04] 1. 이 음식은 보통 배추로 만듭니다. 무나 오이로 만든 것도 있습니다. 이 음식에는 고춧가루, 마늘, 젓갈, 소금이 들어갑니다. 이 음식은 만든 후에 1주일 정도 지나서 먹으면 맛있습니다. 한국 사람들은 보통 날마다 이 음식을 먹습니다. 한국에서는

이것으로 찌개도 만들고 볶음밥도 만듭니다.

2. 여자 : 내일 우리 집에 좀 일찍 오실 수 있어요?
   남자 : 네, 일찍 갈 수 있어요. 뭐 제가 도울 일이 있어요?
   여자 : 야채도 씻어야 하고 상도 차려야 해요. 야채 쌈밥을 하려고 해요.
   남자 : 그럼, 오징어 볶음도 하세요? 상추에 싸 먹으면 맛있어요.
   여자 : 매운 걸 싫어하는 사람들이 있어서 불고기를 할 거예요.
   남자 : 와, 맛있을 것 같아요. 내일 4시까지 가면 돼요?
   여자 : 파티가 7시부터니까 5시까지 오셔도 돼요. 참, 오실 때 집에 와인 있으면 좀 가지고 오세요.

02 아직 먹은 적이 없어요

[들어봅시다]

❷ 01~05

[01] 1. 오늘 점심에 뭘 먹으러 갈까요?
2. 혹시 빈대떡 좋아하세요?
3. 고기하고 야채를 왜 그렇게 많이 샀어요?
4. 고향에 불고기하고 비슷한 음식이 있어요?
5. 갈비구이를 먹은 적이 있어요?

❷ 06~08

[02] 1. 남자 : 삼겹살 시킬까요? 돼지갈비 시킬까요?
   여자 : 삼겹살은 기름이 너무 많아요.
   남자 : 그럼, 돼지갈비를 시킵시다. 여기요, 돼지갈비 2인분 주세요. 공기밥 둘 하고요.
   여자 : 찌개는 없어도 돼요?
   남자 : 공기밥을 시키면 찌개는 공짜로 나와요.
2. 남자 : 어때요? 맛있어요?.
   여자 : 네, 보통 자장면하고 맛이 달라요.
   남자 : 식당 주인이 중국 사람이어서 그래요.
   여자 : 중국 자장면은 한국 자장면하고 맛이 달라요?
   남자 : 네, 한국 자장면이 중국 자장면보다 좀 달아요.
3. 여자 : 어제 학교에서 잡채를 만들었어요.
   남자 : 맛있게 만들었어요? 저는 지난 주에 제육불고기를 만들었는데 맛이 없었어요.
   여자 : 그래요? 잡채는 괜찮았는데......
   남자 : 제육불고기는 양념을 맛있게 하는 것이 어려운 것 같아요.
   여자 : 잡채는 채소와 고기를 따로 볶아서 섞으면 되니까 더 쉬워요.

❷ 09~11

[03] 1. 남자 : 뭘 드시겠습니까?
   여자 : 찜닭 하나 주세요.
   남자 : 혼자 드실 거예요? 너무 많은데요.
   여자 : 반 마리도 돼요?

남자 : 네, 됩니다. 반 마리 드릴까요?

2. 여자 : 어서 오세요. 뭘 드시겠습니까?
남자 : 메뉴 좀 주십시오.
여자 : 네, 여기 있습니다.
남자 : 이것과 이것은 뭐가 달라요?
여자 : 이건 쇠고기로 만들고 이건 돼지고기로 만들어요.

3. 여자 : 송편 드세요. 추석 때 집에서 만든 거예요.
남자 : 송편요? 명절 때 먹는 거예요?
여자 : 네, 추석 때 먹는 떡이에요.
남자 : 모양이 참 예쁜데요.
여자 : 떡 속에 밤이나 깨나 콩을 넣어서 맛이 다 달라요.

❷ 12~13 [04] 1. 여러분 나라에서는 설날에 무엇을 먹어요? 한국에서는 설날에 떡국을 먹어요. 요즘은 만두를 넣어 함께 끓이는 떡만둣국도 먹어요. 떡국은 지역에 따라서 떡을 만드는 방법이 조금씩 다르고 떡의 모양도 달라요. 예전에는 꿩고기로 국물을 냈지만 요즘은 쇠고기로 많이 합니다. 한국에서는 아이에게 몇 살이냐고 물을 때 떡국 몇 그릇 먹었냐고 말할 때도 있어요. 그래서 빨리 어른이 되고 싶은 아이들은 떡국을 많이 먹고 싶어해요. 여러분도 한 번 드셔 보세요.

2. 남자 : 뭘 먹을까요?
여자 : 요즘 밤에 더워서 잠을 잘 못 자요. 그래서 입맛이 없어요.
남자 : 그럼 삼계탕을 먹을까요? 삼계탕을 먹으면 힘이 날 거예요.
여자 : 이렇게 더운데 뜨거운 삼계탕을 먹어요?
남자 : 닭하고 인삼하고 마늘이 들어가서 건강에 좋아요. 한국 사람들은 땀을 많이 흘리는 여름철에 삼계탕을 많이 먹어요.
여자 : 그런데 저기 앉은 아저씨가 드시는 건 뭐예요?
남자 : 저건 육개장이에요. 고춧가루를 넣어서 좀 맵지만 맛있어요.
여자 : 육개장에도 인삼을 넣어요?
남자 : 아니요, 쇠고기를 오래 끓여서 국물을 내고 찢은 고기와 파를 넣어요. 육개장도 더운 여름철에 많이 먹는 음식이에요.

03 선생님께서 오시면 먹읍시다

[들어봅시다]

❸ 01~05 [01] 1. 영수 씨, 그 후춧가루 좀 주시겠어요?
2. 밥부터 먹어요? 국부터 먹어요?
3. 국그릇을 들고 먹어도 돼요?
4. 배가 많이 고픈데 우리부터 먹을까요?
5. 와, 잘 드시는데요. 음식이 그렇게 맛있어요?

❸ 06~08 [02] 1. 여자 : 밥그릇을 왼쪽에 놓아요?
남자 : 예, 왼쪽에 밥그릇, 오른쪽에 국그릇을 놓으세요.

여자 : 수저는요?
남자 : 국그릇의 오른쪽에 숟가락과 젓가락을 놓으면 돼요.
여자 : 국그릇의 왼쪽에 놓으면 안 돼요?

2. 남자 : 왜 안 먹어요?
여자 : 선생님께서 오시면 먹읍시다.
남자 : 배가 고픈데 우리 먼저 먹으면 안 돼요?.
여자 : 네, 선생님이 윗사람이니까 기다려야지요.
남자 : 아, 저기 선생님께서 오시는데요.

3. 여자 : 일본 음식은 보통 젓가락으로 먹는데 한국 음식은 어때요?
남자 : 보통 숟가락과 젓가락을 다 써요.
여자 : 오른 손에 젓가락, 왼손에 숟가락을 들어도 돼요?
남자 : 아니요, 한 손만 사용해요. 숟가락을 쓴 후에 숟가락은 놓고, 젓가락을 들고 써야 해요.

3 09~11 **[03]** 1. 남자 : 상 차릴 때 항상 숟가락과 젓가락을 다 놓아요?
여자 : 네, 보통 국하고 찌개는 숟가락으로 먹어요.
남자 : 반찬은 숟가락으로 먹으면 안 돼요?
여자 : 국물이 없는 반찬은 젓가락으로 먹어요.
남자 : 그럼, 밥은 무엇으로 먹어요?

2. 여자 : 왜 얼굴을 옆으로 돌리고 술을 마셔요?
남자 : 윗사람과 술을 마실 때는 그렇게 해야 해요.
여자 : 또 어떤 예절이 있어요?
남자 : 식사 후 웃어른이 자리에서 일어날 때까지 앉아있어요.
여자 : 식사가 일찍 끝나도 일어나면 안 돼요?

3. 여자 : 늦어서 미안해요. 선생님께서는 아직 안 오셨어요?
남자 : 네, 밍밍 씨, 이쪽으로 앉으세요.
여자 : 선생님 자리는 어디예요?
남자 : 저 자리예요. 문에서 먼 자리가 좋은 자리예요.
여자 : 문에서 멀고 학생들을 잘 볼 수 있으니까 좋을 것 같아요.

3 12~13 **[04]** 1. 음식을 먹을 때 양식은 포크와 칼을 사용하지만 한식은 수저를 사용해요. 일본이나 중국에서는 보통 숟가락을 잘 쓰지 않고 젓가락을 많이 써요. 한국 사람들은 왜 숟가락을 쓸까요? 아마 국과 찌개 때문인 것 같아요. 한국 사람 중에는 국물이 있는 음식을 좋아하는 사람들이 많아요. 생선회를 먹을 때도 마지막에는 매운탕을 먹지요. 한국 사람들은 따뜻한 국물을 좋아하는 것 같아요. 그래서 상을 차릴 때 항상 숟가락을 놓아요.

2. 남자 : 한국에서는 밥그릇을 들고 먹으면 안 되는데 중국에서는 보통 밥그릇을 들고 젓가락으로 먹어요.
여자 : 중국에서는 밥그릇을 상위에 놓고 먹으면 안 돼요?
남자 : 네, 밥그릇은 보통 들고 먹어요. 일본은 어때요?

여자 : 일본에서도 밥그릇이나 국그릇을 들고 먹어요. 국에 있는 건더기는 젓가락으로 먹고 국물은 마시지요.

남자 : 그래요? 들고 먹으면 뜨겁지 않아요? 한국에서는 상 위에 놓고 숟가락으로 국물을 떠 먹어요.

여자 : 네, 일본 그릇은 위가 넓고 아래가 좁아서 들고 먹을 때 많이 뜨겁지 않아요. 중국은 어때요?

모범 답안

제1과 인사와 소개

01 _ 저는 학생입니다

【들어 봅시다】

[01]

1. ❷ 2. ❷
3. ❶ 4. ❶
5. ❺ 6. ❶

[02]

1. ❶ 2. ❷
3. ❷

[03]

1. ❶ 2. ❸
3. ❷ 4. ❻

[04]

미선 : 안녕하십니까? 저는 김미선입니다.
웨이 : 네, 처음 뵙겠습니다. 저는 웨이입니다.
미선 : 학생입니까?
웨이 : 아니요, 회사원입니다.
미선 : 중국 사람입니까?
웨이 : 네, 중국 사람입니다.

[05]

1. ❶❸ 2. ❸
3. 1) ❶ 2) ❶ 3) ❷

02 _ 제 책이 아닙니다

【들어 봅시다】

[01]

1. ❶ 2. ❷
3. ❶ 4. ❶
5. ❷ 6. ❷

[02]

1. ❶ 2. ❷
3. ❶ 4. ❶

[03]

1. ❷ 2. ❷
3. ❶ 4. ❷
5. ❷

[04]

남자 : 이것은 무엇입니까?
여자 : 시계입니다.
남자 : 미선 씨 시계입니까?
여자 : 아니요, 미선 씨 시계가 아닙니다.

[05]

1. ❶
2. 1) ❸ 2) ❷
3. 1) ❶ 2) ❶

03 _ 꽃이 예쁩니다

【들어 봅시다】

[01]

1. ❷ 2. ❶
3. ❷ 4. ❷
5. ❶ 6. ❶

[02]

1. ❶ 2. ❶
3. ❷ 4. ❶
5. ❸

[03]

1. ❹ 2. ❸
3. ❷ 4. ❶

[04]

남자 : 누가 있습니까?

여자 : 학생이 있습니다.

남자 : 무엇을 합니까?

여자 : 학생이 공부합니다.

[05]

1. ❶ 2. ❷

3. 1)

미선 씨 방	리에 씨 방
책상이 있습니다. (✓) 책상이 없습니다. ( )	책상이 있습니다. (✓) 책상이 없습니다. ( )
책상이 큽니다 ( ) 책상이 작습니다. (✓)	책상이 큽니다. (✓) 책상이 작습니다. ( )
침대가 있습니다. (✓) 침대가 없습니다. ( )	침대가 있습니다. ( ) 침대가 없습니다. (✓)

제2과 학교

01 _ 칠판 옆에 지도가 있습니다

【들어 봅시다】

[01]

1. 칠판 2. 의자

3. 운동장 4. 도서관

[02]

1. ❷ 2. ❷

3. ❶ 4. ❷

[03]

1. ❶ 2. ❷

3. ❷

[04]

여자 : 학교에 은행이 있습니까?

남자 : 네, 있습니다.

여자 : 어디에 있습니까?

남자 : 문구점 앞에 있습니다.

여자 : 학교에 편의점도 있습니까?

남자 : 아니요, 편의점은 없습니다.

[05]

1. ❷, ❸

2. ❶ 도서관 ❷ 은행 ❸ 학생 식당

02 _ 도서관이 넓고 좋습니다

【들어 봅시다】

[01]

1. 깨끗합니다. 2. 따뜻합니다.

3. 많습니다. 4. 운동

[02]

1. ❷ 2. ❶

3. ❶ 4. ❶

[03]

1. ❹ 2. ❶

3. ❸ 4. ❷

[04]

남자 : 지금 도서관에서 숙제를 합니까?

여자 : 아니요, 기숙사에서 책을 읽습니다.

남자 : 기숙사가 어디에 있습니까?

여자 : 식당 뒤에 있습니다.

남자 : 기숙사가 좋습니까?

여자 : 네, 넓고 조용합니다.

[05]

1. 1) ❹ 2) ❸

2. 1) 조금 시끄럽고 복잡합니다. 2) ❶, ❷

03 _ 백화점에 가십시오

【들어 봅시다】

[01]

1. 영화 2. 공원

3. 심심합니다. 4. 꽃집

[02]

1. ❷ 2. ❷

3. ❶ 4. ❶

[03]

1. ❹ 2. ❸

3. ❶ 4. ❷

[04]

여자 : 무엇을 하고 싶습니까?

남자 : 옷을 사고 싶습니다.

여자 : 그럼 연세 백화점에 가십시오.

남자 : 연세 백화점은 어디에 있습니까?

여자 : 학교 근처에 있습니다.

남자 : 백화점이 큽니까?

여자 : 네, 크고 사람들도 많습니다.

[05]

1. 1) ❶ 2) ❶,❸

2. 1) ❷ 2) ❶

3. 1) ❶ 2) ❷

제3과 친구와 가족

01 _ 트랑 씨는 베트남에서 왔습니다

【들어 봅시다】

[01]

1. 무슨 2. 사전

3. 엽니다 4. 잘 생겼습니다

[02]

1. ❷ 2. ❶

3. ❶ 4. ❷

5. ❷

[03]

1. ❶ 2. ❸

3. ❹ 4. ❶

[04]

남자 : 저 사람이 누구입니까?

여자 : 기숙사 친구입니다.

남자 : 친구가 어느 나라 사람입니까?

여자 : 호주에서 왔습니다.

남자 : 친구가 무엇을 공부하고 싶어합니까?

여자 : 경영학을 배우고 싶어합니다.

[05]

1. ❷ 2. ❷

3. 1) ❷ 2) ❸

02 _ 부모님이 한국에 계십니까?

【들어 봅시다】

[01]

1. 동생 2. 않습니다

3. 계십니다 4. 일하십니다

[02]

1. ❷ 2. ❶

3. ❷ 4. ❶

5. ❶

[03]

1. ❸ 2. ❶

3. ❷ 4. ❹

5. ❺

[04]

여자 : 가족사진입니까? 부모님께서 어디에 계십니까?

남자 : 지금 뉴욕에 사십니다.

여자 : 부모님께서 한국말을 아십니까?

남자 : 네, 한국말을 조금 하십니다.

여자 : 이 분이 어머니이십니까? 아주 예쁘십니다.

남자 : 아니요, 우리 할머니이십니다.

[05]

1. 1) ❶, ❸ 2) ❸, ❹

2. ❶

03 _ 동생한테 가끔 이메일을 보냅니다

【들어 봅시다】

[01]

1. 세 명 2. 아버지하고

3. 저한테 4. 바빠서

[02]

1. ❷
2. ❷
3. ❷
4. ❶
5. ❶

[03]

1. ❸
2. ❷
3. ❹
4. ❶

[04]

여자 : 가족이 몇 명입니까?

남자 : 아버지, 어머니, 형하고 저, 네 명입니다.

여자 : 부모님께 자주 전화합니까?

남자 : 네, 자주 합니다.

여자 : 전화요금이 비싸지 않습니까?

남자 : 인터넷 전화여서 비싸지 않습니다.

[05]

1. ❹
2. ❶
3. 1) ❷ 2) ❷

제4과 일상생활

01 _ 2시에 점심을 먹습니다

【들어 봅시다】

[01]

1. 여덟
2. 끝나고
3. 읽습니다.
4. 부터, 까지

[02]

1. ❶
2. ❶
3. ❶
4. ❷

[03]

1. ❶
2. ❷
3. ❶
4. ❸
5. ❸

[04]

여자 : 몇 시에 학교에 가십니까?

남자 : 아홉 시에 갑니다.

여자 : 아침은 먹고 가십니까?

남자 : 아니요, 시간이 없어서 먹지 않습니다.

여자 : 날마다 수업이 있습니까?

남자 : 네, 오전 9시 30분부터 오후 4시까지 있습니다.

[05]

1. ❷
2. 1) ❶, ❸, ❹, ❶
   2) 11시에 수업을 듣습니다. 수업이 끝나고 친구하고 점심을 먹습니다. 4시에 병원에 갑니다. 저녁에는 6시부터 9시까지 일을 합니다.

02 _ 토요일에 영화를 봤습니다

【들어 봅시다】

[01]

1. 청소
2. 일요일
3. 더워서
4. 박물관

[02]

1. ❷
2. ❶
3. ❷
4. ❷

[03]

1. ❶
2. ❷
3. ❸
4. ❷

[04]

여자 : 주말에 집에서 잘 쉬었습니까?

남자 : 아니요, 친구를 만났습니다.

여자 : 친구하고 무엇을 했습니까?

남자 : 만나서 영화를 보고 쇼핑을 했습니다.

여자 : 영화가 어땠습니까?

남자 : 아주 아름다웠습니다.

[05]

1. 1) ❷ 2) ❶
2. ❶ 10월 9일 ❷ 10월 7일 ❸ 10월 6일 ❹ 10월 4일 ❺ 10월 16일 ~ 10월 18일
3. 월요일 - ❹ 화요일 - ❸ 목요일 - ❷ 금요일 - ❶

03 _ 주말에 놀이공원에 갈까요?

【들어 봅시다】

[01]

1. 여행　2. 자전거
3. 같이　4. 부릅시다.

[02]

1. ❷　2. ❷
3. ❶　4. ❷

[03]

1. ❸　2. ❹
3. ❺　4. ❶
5. ❷

[04]

남자 : 다음 주말에 무엇을 하고 싶습니까?
여자 : 인천에 가서 바다를 구경할 거예요.
남자 : 같이 갈까요?
여자 : 좋습니다. 같이 갑시다.
남자 : 그럼, 몇 시에 만날까요?
여자 : 토요일 아침 8시에 기숙사 앞에서 만납시다.

[05]

1. 철수 : 도서관, 숙제가 많아서
정희 : 집, 머리가 아파서
스즈키 : PC방, 시원해서
2. 1) ❸　2) ❶　3) ❸

제5과 학교 시설

01 _ 사전을 사러 가요

【들어 봅시다】

[01]

1. 편의점　2. 한 권
3. 살 거예요　4. 잡지

[02]

1. ❷　2. ❷
3. ❷　4. ❶
5. ❷

[03]

1. ❷　2. ❶
3. ❶　4. ❸

[04]

제리 : 어디에 가세요?
웨이 : 학생회관 문구점에 가요.
제리 : 뭘 사러 가세요?
웨이 : 종이를 사러 가요.
제리 : 종이요? 종이는 한 장에 얼마예요?
웨이 : 한 장은 잘 모르겠어요.

[05]

1. ❷ ❸ ❻ ❼　2. ❶

02 _ 학생식당 메뉴가 뭐예요?

【들어 봅시다】

[01]

1. 학생식당　2. 김치찌개
3. 맛있으니까　4. 복잡하지

[02]

1. ❶　2. ❷
3. ❷　4. ❷
5. ❷

[03]

1. ❸　2. ❷
3. ❶　4. ❶

[04]

남자 : 어디에 가세요?
여자 : 점심을 먹으러 가요.
남자 : 무슨 음식을 좋아하세요?
여자 : 비빔밥을 좋아해요.
남자 : 비빔밥은 맵지 않아요?
여자 : 고추장을 조금만 넣으면 안 매워요.

[05]

1. ❶ ❸ ❺ ❼　2. ❶ ❷ ❸

03 _ 강의실이 몇 층에 있어요?

【들어 봅시다】

[01]

1. 국제관 2. 큰
3. 2층 4. 들어요

[02]

1. ❷ 2. ❷
3. ❷ 4. ❶
5. ❷

[03]

1. ❹ 2. ❸
3. ❹ 4. ❶
5. ❷

[04]

제리 : 어딜 찾으세요?
웨이 : 체육관이 어디에 있습니까?
제리 : 체육관은 문화 센터 건물 뒤에 있습니다.
웨이 : 문화 센터 건물이 멀어요?
제리 : 바로 저 건물이에요.
웨이 : 저기 하얀색 큰 건물이요?

[05]

1. ❸ ❺ ❶ ❻ ❷ ❹
2.

오후에 어디에서 선생님을 만납니까?	선생님들 방
몇 시에 선생님을 만납니까?	오후 4시쯤
왜 선생님을 만나고 싶어합니까?	질문을 하고 싶어서

제6과 학교 생활

01 _ 날마다 수업이 있지요?

【들어 봅시다】

[01]

1. ❶ 2. ❷
3. ❸ 4. ❸

[02]

1. ❶ 2. ❶
3. ❸ 4. ❷

[03]

1. ❷ 2. ❸
3. ❸

[04]

1. 1) ❷ 2) ❷, ❹
2. 1) 선생님, 학생
 2) ❶ 교과서 10p~12p를 숙제공책에 두 번 쓰기
 ❷ 읽기 책 3과 단어를 사전에서 찾아서 공부하기

02 _ 방학에 같이 여행가지 못해요

【들어 봅시다】

[01]

1. ❷ 2. ❷
3. ❸ 4. ❷
5. ❸

[02]

1. ❶ 2. ❶
3. ❶

[03]

1. ❶ 2. ❸
3. ❸

[04]

1. 1) ❷ 2) ❷, ❹
2. 1) ❶ 대만, 한국어학당 친구들도 만나고 쇼핑도 했어요.
 ❷ 인도네시아, 아름다운 바다를 구경했어요.
 ❸ 중국, 여러 가지 맛있는 음식을 많이 먹었어요.

03 _ 기숙사 생활이 재미있어요?

【들어 봅시다】

[01]

1. ❷ 2. ❶
3. ❷ 4. ❸

[02]

1. ❶ 2. ❶
3. ❷

[03]

1. ❶ 2. ❶
3. 민철 > 웨이 > 마리아

[04]

1. 1) ❶ 2) ❷
2. 1) ❸ 2) ❶❸

제7과 교통

01 _ 터미널이 어디에 있어요?

【들어 봅시다】

[01]

1. ❸ 2. ❷
3. ❷ 4. ❶
5. ❷

[02]

1. ❷ 2. ❶
3. ❸

[03]

1. ❶ 2. ❷
3. 약속이 있어서 신촌에 갑니다.

[04]

1. 1) ❶
2) ❷
2. 1) ❶
2) 제주도, 비행기, 50분, 김포공항

02 _ 지하철이 빨라요

【들어 봅시다】

[01]

1. ❷ 2. ❸
3. ❶ 4. ❶
5. ❸

[02]

1. ❸ 2. ❶
3. ❸

[03]

1. ❶ 2. ❶
3. 서울극장에서 한국 영화를 볼 거예요.

[04]

1. 1) ❶ 2) ❶
2. 1) ❸
2) 다음주 금요일, 저녁 7시, 아침 6시, 3인실 침대방

03 _ 예술회관 앞에 내리면 돼요

【들어 봅시다】

[01]

1. ❸ 2. ❸
3. ❶ 4. ❷
5. ❸

[02]

1. ❸ 2. ❸
3. ❶

[03]

1. ❷ 2. ❶
3. ❶

[04]

1. 1) ❸ 2) ❸
2. 1) ❷
2) 한국아파트, 110동, 605호, 5시

제8과 전화

01 _ 전화번호 좀 가르쳐 주세요

【들어 봅시다】

[01]

1. ❶ 2. ❸
3. ❷ 4. ❶

[02]

1. ❸ 2. ❸
3. ❸

[03]

1. ❸ 2. ❷
3. ❷

[04]

1. 1) ❶ 웨이가
❷ 정희에게
❸ 마리아 씨 전화번호를 몰라서
2) ❸, ❹
2. 1) ❷
2) ❶ 131 ❷ 119 ❸ 114 ❹ 116

02 _ 휴대 전화로 영화를 볼 수 있어요

【들어 봅시다】

[01]

1. ❸ 2. ❷
3. ❸ 4. ❷
5. ❸

[02]

1. ❶ 2. ❸
3. ❶

[03]

1. ❸ 2. ❸
3. ❸

[04]

1. 1)

언제?	금요일
누구와?	에리 씨, 철수 씨, 웨이 씨
약속 장소	극장 앞
약속 시간	아침 8시 30분

2) ❷
2. 1) ❸
2) ❶ 영화를 볼 수 있습니다.
❷ 이메일을 보낼 수 있습니다.
❸ 신문을 볼 수 있습니다.
❹ 쇼핑을 할 수 있습니다.

03 _ 잠깐만 기다리세요

【들어 봅시다】

[01]

1. ❸ 2. ❷
3. ❶ 4. ❸
5. ❸

[02]

1. ❸ 2. ❸
3. ❸

[03]

1. ❷ 2. ❶
3. ❸

[04]

1. 1) ❶ 김정희 ❷ 철수 ❸ 숙제
2) ❷
3) ❷
2. 1) ❷ 2) ❷ 3) ❹

제9과 날씨와 계절

01 _ 비가 그치면 갑시다

【들어 봅시다】

[01]

1. ❶ 2. ❸

3. ❸ 4. ❷
5. ❸

[02]
1. ❶ 2. ❷
3. ❶

[03]
1. ❸ 2. ❶
3. 중국 식당

[04]
1. 1) ❸ 2) ❷ ❸
2. 1) ❶
2) 남자 : 비가 온 후에 갠 날씨를 좋아합니다.
여자 : 눈이 오는 날 우산을 쓰고 걷는 것을 좋아합니다

02 _ 어느 계절을 좋아하세요?

【들어 봅시다】

[01]
1. ❷ 2. ❶
3. ❷ 4. ❸
5. ❷

[02]
1. ❷ 2. ❶
3. ❶

[03]
1. ❸ 2. ❸
3. 한국어와 영어를 공부할 거예요.

[04]
1. 1) ❸ 2) ❶ ❸
2. 1) ❶
2) 남자 : 선선한 날씨를 좋아합니다. 사계절이 달라서 좋습니다.
여자 : 선선한 날씨를 좋아합니다. 겨울은 싫지만 하얀 눈은 좋습니다.

03 _ 스키를 타러 갈까요?

【들어 봅시다】

[01]
1. ❷ 2. ❷
3. ❶ 4. ❷
5. ❶

[02]
1. ❸ 2. ❶
3. ❶

[03]
1. ❷ 2. ❸
3. ❶

[04]
1. 1) ❸ 2) ❷
2. 1) ❸ 2) ❶ ❸

제10과 음식

01 _ 어떤 음식이에요?

【들어 봅시다】

[01]
1. ❸ 2. ❶
3. ❸ 4. ❸
5. ❷

[02]
1. ❶ 2. ❸
3. ❶

[03]
1. ❷ 2. ❶
3. 카레라이스 식당

[04]
1. 1) ❸ 2) ❸
2. 1) ❶ 2) ❷ ❸ ❺ ❻

02 _ 아직 먹은 적이 없어요

【들어 봅시다】

[01]

1. ❷ 2. ❶
3. ❸ 4. ❷
5. ❶

[02]

1. ❶ 2. ❶
3. ❷

[03]

1. ❷ 2. ❶
3. 추석 때 먹는 송편을 만들었습니다.

[04]

1. 1) ❶ 2) ❷
2. 1) ❶

   2) 삼계탕 : 여름에 많이 먹어요. 인삼과 마늘이 들어있어요.

   육개장 : 여름에 많이 먹어요. 조금 매워요.

03 _ 선생님께서 오시면 먹읍시다

【들어 봅시다】

[01]

1. ❶ 2. ❷
3. ❸ 4. ❸
5. ❷

[02]

1. ❶ 2. ❶
3. ❶

[03]

1. 국하고 찌개는 숟가락으로 먹어요. 국물이 없는 반찬은 젓가락으로 먹어요.
2. ❸
3. 1)

[04]

1. 1) ❶ 2) ❶ ❷
2. 1) ❶

   2) 한국 : 밥그릇을 상 위에 놓고 먹어요. 국그릇의 국물은 숟가락으로 먹어요.

   중국 : 밥그릇을 들고 먹어요.

   일본 : 밥그릇을 들고 먹어요. 국그릇의 건더기는 젓가락으로 먹어요. 국그릇을 들고 국물을 마셔요.

대학 생활을 위한

한국어 듣기 (초급 I)

편저자 연세대학교 한국어학당 교재편찬위원회
집필진 정희정·서명숙·김영희·김하나·박종후
펴낸곳 연세대학교 출판문화원

주소 서울시 서대문구 연세로 50
전화 02) 2123-3380~2
팩스 02) 2123-8673
ysup@yonsei.ac.kr
http://press.yonsei.ac.kr
등록 1955년 10월 13일 제9-60호
인쇄 (주)네오프린텍
삽화 문춘경 외
녹음 MS미디어
성우 윤미나·전광주

2015년 11월 3일 1판 1쇄 2025년 9월 22일 1판 4쇄

ISBN 978-89-6850-133-3 (08710)
978-89-7141-977-9 (세트)

값 22,000 원